Je me sens en décalage…
et je réussis ma vie

Du même auteur

Choisis la vie : 365 invitations à changer de regard sur sa vie, Éditions des Béatitudes, 2001.

Renaître : un cheminement pour se laisser aimer et découvrir son être profond, Éditions des Béatitudes, 2004.

Rebondir après l'échec : un chemin psychologique et spirituel, Éditions Saint-Augustin, 2006.

La vie : combat ou cadeau, Éditions des Béatitudes, 2008.

Réussir sa vie affective, Éditions des Béatitudes, 2009.

J'ai choisi de vivre, avec Christian Faison, Presses de la Renaissance, 2010.

100 chemins pour être plus heureux, Éditions des Béatitudes, 2011.

age 120 Montligeon

Yves Boulvin

JE ME SENS EN DÉCALAGE... ET JE RÉUSSIS MA VIE

PRESSES
DE LA
RENAISSANCE

Ouvrage réalisé
sous la direction éditoriale d'Alain Noël
avec la collaboration de Pascale Marson-Zyto

www.presses-renaissance.com

ISBN 978.2.7509.0654.2

Introduction

J'entends chaque jour des personnes me confier : « Je me sens mal », « Je ne trouve pas ma place », « Tout va trop vite », « Toujours plus haut, plus grand, plus fort… », « On nous presse comme des citrons », « J'ai l'impression d'être sur une autre planète. »

Et pourtant !

Il y a quelques décennies, qui aurait cru que l'homme marcherait sur la lune, que les ordinateurs existeraient, que certains cancers seraient détectés précocement grâce à la précision de l'imagerie médicale et pourraient être guéris, que nous aurions un téléphone portable dans notre poche, que nous pourrions communiquer avec l'autre bout du monde en quelques secondes *via* Internet…

Si l'on compare tout cela à l'époque où l'on mourait jeune de la moindre maladie infectieuse, où les voyages étaient fort longs et périlleux, que de chemin parcouru ! Que de progrès et de bien-être acquis !

Alors d'où vient le fait que tant de personnes souffrent, éprouvent un mal-être, ont du mal à s'adapter aux conditions de vie d'aujourd'hui ?

Conflits de générations ? Effet du relativisme ambiant, de la mondialisation, de la crise ?

Possédons-nous les fondements nécessaires pour résister à toutes les sollicitations, pressions, difficultés de notre monde moderne ?

Nous éprouvons souvent la nostalgie d'une société plus fiable, plus humaine, plus proche, où nous n'aurions plus besoin de nous méfier, de nous défier.

Mais cette société a-t-elle un jour existé ? L'histoire de l'humanité n'est-elle pas émaillée de conquêtes, de violences, de guerres, de trahisons ? Mais aussi de merveilles, de sentiments d'amour, de partages, de dons de soi ?

D'où nous vient cette nostalgie ? Est-ce d'une aptitude au bonheur qui cherche à s'exprimer et dont nous n'avons pas conscience ? Est-ce autre chose de plus profond, de plus caché à notre perception, à nos yeux, nos oreilles ? Ne faut-il pas des yeux, des oreilles de Lumière pour le voir, pour l'entendre ?

Je ne me sens pas de ce monde

Pour écrire ce livre, je me suis appuyé sur les sentiments de décalage livrés, au fil des années, par des personnes venues me consulter à cause du malaise que cet état engendrait en elles. Et j'explique comment nombre d'entre elles se sont finalement réalisées, sont parvenues à s'épanouir.

Ce livre peut être un véritable accompagnement pour tous ceux qui ne se sentent pas « de ce monde ».

Nous avons tous des dons, des talents. Nous sommes tous uniques. Nous avons à réaliser que nous possédons un trésor, une richesse intérieure et que nous aspirons à la laisser s'exprimer, à la mettre au service des autres. Et nous nous sentons mal quand nous ne le pouvons pas. Le Ciel est en nous. À nous de traverser la couche de nuages qui le voile pour nous baigner dans sa Lumière.

Miroirs de nous-mêmes, de notre profondeur, nos sentiments de décalage avec la société, les autres, certaines valeurs ou certains manques de valeurs ouvrent le chemin de notre réussite.

Grâce à la découverte de notre profondeur, de ce que nous sommes vraiment, de l'enfant de Lumière qui est en nous ; grâce à la transformation que cette découverte opère ; grâce à notre changement de regard sur nous-mêmes, sur les autres, sur le monde, sur la mort, sur la vie, nous parviendrons à nous unifier, à être heureux d'être nous-mêmes, à nous sentir aimés de Dieu. Nous trouverons notre place car nous nous sentirons habités intérieurement. Notre vie ainsi acceptée deviendra plus pleine, plus féconde.

I

Je me sens en décalage

[illegible]

1

Je me sens en décalage

Cela fait maintenant quarante ans que j'exerce la profession de psychologue et formateur en relations humaines. Et pourtant, à partir du moment où j'ai trouvé ma spécificité, ma façon particulière d'écouter et d'intervenir, à la frontière de la psychologie, du coaching et de la spiritualité, je n'ai plus eu l'impression de « travailler ». Les choses se sont mises en place d'elles-mêmes, providentiellement. Je n'ai pas eu besoin de chercher à me faire connaître. Je n'ai fait aucune démarche commerciale. Je n'ai même pas de curriculum vitae. Des émissions de radio « Foi et psychologie », des chroniques m'ont été proposées. Sans mon intervention, elles se sont multipliées sur différentes radios chrétiennes. Des auditeurs m'ont demandé d'écrire. D'autres voulaient me consulter à Pont-Saint-Esprit où j'habite, à Paris ou par téléphone. Je l'ai fait et j'ai toujours reçu les aides nécessaires pour l'accomplir. Il en a été de même pour les conférences et diverses interventions. Pourquoi tout cela ? Sans doute parce que j'avais trouvé ma place, que j'étais sur mon chemin, que malgré mes insuffisances et mes défauts – et grâce à eux –, j'avais envie de faire connaître l'Amour de

Dieu, de Le servir avec ce que j'étais et les aptitudes que j'avais, et que cela participe à un mieux-être pour autrui. Je n'avais pas de don particulier pour la parole ou l'écriture (cela s'est développé par la suite, par la pratique, la répétition et ma foi profonde). Je n'aimais ni lire ni rédiger. J'avais seulement une certaine capacité à comprendre les choses de l'intérieur, à tirer les leçons de l'existence et de mes « échecs » et j'avais appris à formuler tout cela, à le mettre en mots.

Je me souviens de cette journée de 1963 quand, en terminale scientifique, issu d'un milieu d'ingénieurs, je me demandais quelles études entreprendre. Peu attiré par les métiers qui exigent des compétences techniques, commerciales, juridiques, etc., peu enclin aux travaux manuels, je ne savais pas, comme beaucoup, quelle orientation choisir. Un prêtre m'invita à consulter un psychologue. Je passai quelques tests. Quand il m'annonça que le métier qui me correspondait le mieux, selon lui, était un métier humain et plus particulièrement celui de psychologue, une joie intérieure m'envahit comme une libération par rapport au chemin d'avenir que l'on me proposait et où je ne me voyais pas du tout. Sans savoir exactement en quoi cette profession consistait, je sentais que cet homme avait su traduire, avec des mots justes, ce que je désirais tout au fond de moi. Mon père disait que les psychologues sont des charlatans. Mais, comme c'était un homme bon et honnête, il ne mit pas d'obstacle à mon aspiration. Depuis, chez les personnes que mon activité me fait rencontrer, je suis très attentif aux goûts qui s'expriment dès l'enfance – petit, j'aimais jouer avec des panoplies de médecin et mon frère, futur ingénieur, s'amusait avec des jeux de construction –, à ces indices, ces révélateurs qui peuvent passer inaperçus mais qui, si on les voit avec des yeux de Lumière, si l'on en reconstitue le fil conducteur, ont un sens et permettent de mettre à jour un idéal, un axe, une vocation.

Nous avons tous une vocation

Que nous soyons appelés à devenir fleuriste, cuisinier, avocat, vendeur, médecin, ingénieur, prêtre ou religieuse, boulanger, professeur, etc., ou encore mère de famille, époux attentif ou épouse généreuse, ami(e) délicat(e), collègue serviable, nous avons tous une vocation (aux multiples aspects) proposée par Dieu et choisie avec Lui d'une façon dont nous n'avons pas conscience. Elle correspond vraiment à ce que nous sommes, et elle va nous inciter à développer des dons, des talents ne concordant pas toujours avec les attentes ou les invitations de notre entourage. Et même lorsque nous avons trouvé notre voie, nous pouvons encore bifurquer, améliorer ou épanouir ce qui relève de notre originalité, de notre spécificité.

En ce qui me concerne, la psychologie, telle qu'elle nous était enseignée à la Sorbonne, telle qu'elle était pratiquée de façon freudienne ou lacanienne, ne correspondait pas totalement à ce que je pressentais au fond de moi. Il manquait, à mon avis, une dimension que je rencontrai chez Jung, mais seulement en partie. Ensuite, dans mon métier de conseil en entreprise, je ne m'y retrouvais pas non plus, bien que j'y apprisse un certain pragmatisme, une efficacité qui me semblaient manquer dans beaucoup de techniques thérapeutiques de l'époque (cela a beaucoup changé par la suite avec les approches relevant du développement du potentiel humain, les approches émotionnelles, systémiques, les thérapies comportementales et cognitives…).

Par ailleurs, la dimension spirituelle devenait, pour moi, de plus en plus importante. Et j'étais surpris et peiné de voir tant de croyants, tant de chrétiens entre autres, ignorer ou rejeter les apports de la psychologie car il ne fallait pas « se regarder le nombril ». Cela finissait par attribuer à Dieu des malheurs et des « mal-vécus » qui s'expliquaient bien, en partie, par des blessures psychologiques, des scénarios non résolus ou bien par des injonctions négatives ou doloristes issues de l'enfance ou de l'hérédité.

C'est finalement dans la synthèse entre la spiritualité – en particulier chrétienne –, l'opérationnalité du monde du travail et les découvertes de la psychologie que se trouvait mon chemin, chacun de ces niveaux étant bien mis à sa place, sans confusion, mais s'enrichissant et s'éclairant mutuellement.

Tout au long de ces années, j'ai accompagné de nombreuses personnes qui ne se sentaient pas en phase avec ce qu'elles vivaient.

Ce sentiment de décalage, nous l'éprouvons tous plus ou moins, à un moment donné de notre existence, en fonction des situations, des conditions, des circonstances dans lesquelles nous ne parvenons pas à être nous-mêmes, en fonction des personnes que nous sommes amenés à côtoyer et avec lesquelles nous ne nous sentons pas en harmonie.

Ce n'est pas parce que nous appartenons à la même famille, parce que nous avons donné la même éducation à nos enfants biologiques ou adoptifs, ou à l'inverse parce que nous avons été élevés dans les mêmes valeurs que nous nous ressemblons ou que nos enfants se ressemblent. Ce n'est pas parce que nous avons grandi dans un même décor, parce que nous avons été bercés par la même musique que nous avons les mêmes goûts que ceux de notre entourage. Nous pouvons nous sentir en décalage dès les premières années de notre vie si nous naissons artistes dans un milieu d'agriculteurs, techniciens ou manuels dans un milieu d'intellectuels, paysagistes ou artisans dans un milieu de cadres, intellectuels dans un milieu de commerçants, et si ces milieux ne sont pas suffisamment ouverts à la différence. Nous pouvons, si nous sommes un garçon, aimer jouer à la poupée et, si nous sommes une fille, apprécier les trains électriques sans pour autant dire, comme jadis, que l'un a des tendances homosexuelles et que l'autre est un « garçon manqué », ce qui, dans les deux cas, peut être en partie vrai, mais est trop réducteur et peut imposer à l'enfant une programmation dommageable. Un regard averti parvient à déceler chez le premier le sens du relationnel et chez la seconde, par exemple, un goût pour les voyages, les déplacements, le mouvement.

Découvrir sa vraie nature

Lorsque l'originalité des enfants n'est pas reconnue par la famille, ceux-ci risquent de ne pas se retrouver dans ce qu'on leur demande, d'être « sur une autre planète », souvent « dans la lune », de s'isoler et d'avoir du mal à se faire des amis. Ils ne mettent pas encore de mots sur ce qu'ils vivent et que je pourrais nommer le « syndrome du vilain petit canard » en référence au conte d'Andersen.

Né dans une couvée de canetons, l'oisillon, avec son duvet gris, son cou trop long, est plus pataud que les autres. Il devient la risée de ses frères. Il se sent laid, ridicule, et se croit indigne du moindre intérêt. Du fond de son chagrin, il puise l'énergie de quitter les siens. Il erre, seul, jusqu'à ce qu'il croise, un jour, deux oiseaux si éblouissants de blancheur et d'élégance qu'il n'ose pas les aborder. Désespéré, il tente une dernière chance. Il s'élance vers eux, prêt à tout pour obtenir leur compagnie. Soudain, il entend les enfants du village voisin qui accourent, tout animés par la joie de voir, comme à chaque printemps, le retour des deux cygnes. L'un des enfants s'écrie, en pointant son doigt en direction du vilain petit canard : « Regardez, celui-ci est le plus beau, ils sont trois cette année. » Alors, le vilain petit canard se retourne. Il cherche partout où est le troisième cygne quand il aperçoit son reflet dans l'eau. Sur l'instant, il ne se reconnaît pas : son duvet s'est transformé en plumes toutes blanches, son cou lui donne des allures altières. Quand les deux cygnes s'approchent enfin de lui, il a peur, il recule… Lui qui n'a jamais entendu de paroles chaleureuses est stupéfait quand l'un des deux cygnes lui dit : « Comme tu es beau, viens, tu seras notre ami. »

Il lui faudra des années pour comprendre ce qui lui est arrivé, abandonner petit à petit ses habitudes de « vilain petit canard » et rentrer dans sa peau de cygne, ce qu'il était en fait dès le début sans le savoir. Une fois devenu lui-même, il pourra rencontrer de façon nouvelle sa famille d'origine, s'étant bien positionné dans le respect des différences et se faisant reconnaître dans son originalité.

Quand notre spécificité n'est pas accueillie ou passe inaperçue, nous nous dévalorisons, nous croyons que nous ne sommes pas intéressants. Au lieu de nous dire : « J'ai en moi quelque chose de différent », nous doutons, nous perdons confiance en nous. Et voilà la révélation : découvrir sa vraie nature, sa beauté intérieure donnée par Dieu et vivre pleinement la joie d'être soi-même.

Il faudra du temps au petit enfant « dans la lune », qui « n'est pas là » ou « fuyant », pour prendre conscience qu'au fond de lui réside le diamant éclatant de sa profondeur, les qualités, dons, talents spécifiques qu'il a reçus du Créateur et qui font de lui un être vraiment unique.

Vivre en décalage, pour nos adolescents, ce pourrait être se mettre en marge de la mode, des conditionnements sociaux : quand les « idoles » ne les captivent pas ; quand les succès du moment, la musique funk, groove ou l'électro ne les « branchent » pas ; quand ils ne marchent pas casque sur les oreilles au risque d'être déconnectés et d'ignorer un familier ou un voisin de métro, ils sont en décalage avec un grand nombre. C'est vrai aussi pour les parents qui doivent composer avec cet engouement. Quand nos enfants ne surfent pas des heures sur Internet ou Facebook, quand nous, adultes, ne cédons pas à la dictature de la consommation et ne leur achetons pas des vêtements de marque, quand nous limitons l'accès à Internet, le temps passé devant la télévision, etc., nous sommes en décalage. Aujourd'hui, il faut beaucoup de courage aux adolescents pour se montrer différents, résister aux groupes de camarades, ne pas fumer de shit et affirmer d'autres goûts, d'autres valeurs. Soyons indulgents et patients avec eux tout en gardant le cap s'ils n'y arrivent pas pour l'instant.

Vivre en décalage, pour nos adolescents, développe souvent une certaine timidité, des complexes. Certains ont peu d'amis, contrairement à ceux qui vont « en soirée ». D'autres se sentent seuls parmi leurs pairs, d'où un repli sur soi, une impression de ne pas être compris.

Michaël, entraîné par ses camarades, fume régulièrement du shit. Mais il ne se sent pas bien quand il le fait. Il éprouve une sorte de malaise qu'il n'arrive pas à définir précisément, une forme de nausée. Ces symptômes, au-delà des répercussions physiques, révèlent le décalage qui existe entre sa consommation de drogue et sa nature profonde qu'il ne connaît pas encore. Il pourra la découvrir en observant attentivement tout ce qui, dans sa vie, le met dans cet état de décalage : indices précieux de ce qu'il est vraiment, ces mal-être sont des expressions de son originalité, de ce qui, en lui, est unique.

« Passe ton bac d'abord », « Tu ne gagneras jamais ta vie avec ça », « C'est trop risqué aujourd'hui, avec le chômage »… toutes ces phrases relèvent du bon sens, mais peuvent être, dans leur aspect péremptoire, autant d'obstacles dressés contre l'idéal des enfants ou des jeunes qui se découvrent artistes, poètes, danseuses, chercheurs, inventeurs ou toute autre vocation qui, aux yeux de l'entourage, comporte des risques, des incertitudes, provoque des inquiétudes.

Bien souvent, la famille, en fonction de son milieu, de ses représentations, développe inconsciemment un programme, pour « bien faire », mais qui peut se trouver en fort décalage avec la nature et les aspirations de l'enfant.

Je pense à ce jeune homme au sens artistique développé, très sensuel, qui, au départ, ne voulait pas reprendre l'étude de notaire de son père. Ce dernier insista : l'étude se transmettait de père en fils depuis plusieurs générations et il n'avait qu'un seul héritier. Tiraillé entre d'un côté l'appât du gain, l'aisance financière et, de l'autre, son goût pour la création, le jeune homme abandonna le second au profit du premier et se força à suivre le cursus universitaire pour devenir notaire. Il mit beaucoup de temps pour y arriver et, pour compenser, se réfugia dans « l'alcoolisme mondain ». Au bout de quelques années où il avait forcé sa nature profonde, il tomba gravement malade, comme si son corps ne voulait plus suivre et refusait le scénario tout en ne trouvant pas d'autre issue. Il finit par en mourir.

L'expérience montre que lorsque l'on entre de force dans un moule, il est rare qu'on n'y laisse pas une part de soi-même, de son unité, et que l'on ne s'épuise pas en efforts dont le poids, sans cesse plus lourd, pèse sur la santé morale ou physique.

Combien aussi de vies sacrifiées pour garder et entretenir des maisons de famille ! Combien de conflits entre frères et sœurs après la mort des parents, de jalousies qui se réveillent ! Une solution consisterait à vendre les biens transmis parfois de génération en génération. Mais tous ne sont pas d'accord, par attachement aux souvenirs d'enfance ou par fidélité, désir de ne pas « trahir » leurs parents et ascendants : « J'ai l'impression que, si je cède cette maison à des étrangers, mes parents vont mourir deux fois[1]. » Que de vies remplies d'obligations mal vécues, non choisies, cachant parfois beaucoup de colères rentrées et de culpabilités !

Trouver son ancrage

Et que dire de tous ceux qui sont « montés à la ville » pour travailler ou profiter de tout ce que la vie citadine est censée apporter : spectacles, musées, sorties et rencontres de toutes sortes ? Mais le prix à payer est souvent très lourd, ne fût-ce qu'à cause du montant des loyers qui oblige à habiter loin du centre et implique des heures de transports. « J'ai été obligé d'aller à la ville pour

---

1. Alors que vraisemblablement, comme nous le verrons dans les chapitres 3 et 4, ceux-ci, rentrant progressivement dans la vision béatifique après leur mort, leur inspirent une autre vision, libératrice, quoi qu'ils aient dit ou fait de leur « vivant ».

travailler… », « J'étouffe, je me sens mal ici », « Je ne m'habitue pas… ». Outre le déracinement, parce qu'une telle situation éloigne de la région d'origine, la cité nous fait rentrer dans un engrenage, un tourbillon : transports, travail, courses, ménage, télévision, sommeil… Beaucoup ne savent plus s'arrêter et se laissent emporter malgré eux. Et pourtant… « Je n'en peux plus… » Décalage entre les espérances déçues parce que, la plupart du temps, il faut vivre en banlieue pour éviter les charges financières, immobilières plus élevées en ville, en particulier à Paris ; parce qu'on est souvent privé de tous les avantages qui en représentaient l'attraction ; parce que le bruit, la foule, l'agitation permanente, les heures d'affluence où l'on est bousculé, le monde qui court partout et dans tous les sens heurtent notre profondeur où règne la lenteur. Alors, on ressent le besoin de s'arrêter, d'écouter son corps et de renouer avec la spiritualité : « Vous autres, venez à l'écart dans un lieu désert et reposez-vous un peu » (Marc 6, 31), disait déjà Jésus à ses apôtres qui « lui rapportaient tout ce qu'ils avaient fait et tout ce qu'ils avaient enseigné ». Cela signifie être attentif à son intériorité, en écouter les palpitations pour trouver sa voie, sa respiration, pour saisir la Présence de Dieu tout au fond de soi.

Pour ma part, après de nombreuses années passées dans la région parisienne, j'ai ressenti le besoin de nature, de calme. Vers l'âge de 35 ans, j'ai vécu trois ans dans un petit village de montagne, dans les Hautes-Alpes, tout en revenant une semaine, dix jours par mois à Paris pour y travailler.

Le contact avec la nature, de nouveaux sons comme les cris du bétail et des animaux de basse-cour, les mouvements des fermes voisines et le chant des oiseaux composaient mon nouvel environnement sensoriel, fait jusque-là de bruits de voitures, de coups de Klaxon impatients ou de passants pressés. Le changement était net. Plus de discussions philosophiques ou théologiques ! Des contacts simples avec les habitants parlant essentiellement du temps qu'il fait, de leurs cultures, de mon « potager de Parisien ». Quel bien cela m'a fait ! Vivre toutes les saisons avec leurs beautés, mais aussi leurs exigences, leurs difficultés. Adopter un rythme plus lent tenant compte, comme mes amis agriculteurs, des conditions atmosphériques. Retrouver les valeurs essentielles, le sens du temps dans toutes les acceptions du terme. Pas de « sorties », pas de possibilité de descendre chez le commerçant du coin à 22 heures pour une quelconque nécessité ou envie, la ville la plus proche étant à vingt kilomètres.

Je renouai avec la lenteur grâce à mon premier enfant. Moi qui marchais à grandes enjambées, j'ai dû m'adapter à ses petits pas : il fallait souvent plus d'une heure pour parcourir cent mètres parce que, en chemin, il ramassait des cailloux, observait des insectes, cueillait des fleurs. J'ai touché, avec lui, ce rythme lent que je ne connaissais pas encore, dans cette campagne où nous n'étions plus étourdis par toutes sortes de messages visuels ou sonores. Et quel émerveillement devant les couchers de soleil le soir sur les montagnes ! Je ne pouvais plus me fuir, compenser, j'étais face à moi-même. Et c'est là que, pour moi, s'est accomplie une sorte de renaissance : une autre hygiène de vie, un autre rythme, d'autres sensations, un appel à la profondeur. Le vide des sollicitations extérieures, des stimulations et incitations citadines faisait place à la découverte progressive d'une plénitude intérieure dans le silence, l'intériorité, la communion avec Dieu dans la nature et dans un sanctuaire proche. Ce moment de ma vie où tout a bougé, où tout s'est transformé dans une apparente absence de mouvement extérieur, a eu lieu dans un petit village appelé Avançon...

Pour faire vivre ma famille et continuer d'assurer mes permanences et mes engagements, je revenais chaque mois à Paris. Je passais brutalement d'un monde calme à un monde agité. Je me souviens qu'au début, le décalage était tellement grand que je vivais difficilement ce moment où le train approchait de la capitale avec tous ses immeubles, ses supermarchés, ses enseignes publicitaires, la foule... Il m'a fallu quelques années pour passer plus facilement de l'un à l'autre, de la nature à mon petit appartement parisien où, si je sortais le soir après les rendez-vous de la journée, je rencontrais précipitation, bruits, odeurs, embouteillages, travaux, promiscuité, parfois agression verbale, sollicitations commerciales de toutes sortes, magasins, cafés et restaurants innombrables, et du monde partout et dans tous les sens. J'avais d'ailleurs trouvé assez pathétique, à l'époque, de voir l'engouement des foules le jour où les Champs-Élysées furent recouverts de champs de blé... la redécouverte de ce qui est simple et naturel, la redécouverte du mot « champ ».

En écrivant cela, je n'oublie pas l'inverse, tout ce que la ville peut aussi apporter de stimulations intellectuelles, culturelles, spirituelles, de rencontres de toutes sortes dont la richesse, si on sait la goûter, peut être immense. L'équilibre idéal est sans doute de pouvoir facilement passer de la ville à la campagne et *vice-versa*. Mais que dire de cette peur du vide, d'être face à soi-même qui fait que beaucoup d'entre nous se sentent mal hors de la ville, pour eux protectrice, et où les saisons, les variations météorologiques sont moins marquées ? Certains citadins ont du mal à respirer à pleins poumons l'air de la campagne, de la montagne ou de l'océan tellement ils ont pris l'habitude, à cause de la pollution, du gaz carbonique, de respirer seulement avec le haut de la poitrine. D'où les stages de yoga, de relaxation, de respiration... Certains s'ennuient ou se trouvent désemparés, désorientés, angoissés lorsqu'ils sortent des lumières et « fausses lumières » de la ville : « Il n'y a rien ici... », « La nature, c'est toujours pareil : du vert, du marron... »

Si nous, citadins, ne parvenons pas à quitter la ville alors que nous le désirons, nous pouvons, au moins, enrichir notre vie en recherchant, selon notre tempérament, le calme dans les parcs, les jardins, les sanctuaires, la culture avec les musées, les théâtres, les cinémas... Nous pouvons aussi recréer, dans notre appartement, notre chambre, une atmosphère dans laquelle nous nous sentons bien, ambiance de nature avec des plantes, des fleurs, des posters ; un climat de prière en aménageant un petit oratoire comportant des relais d'amour qui nous parlent et nous introduisent dans la vie divine afin que nous nous y ressourcions.

Je pense à cet homme marié d'une cinquantaine d'années, que sa femme et ses enfants trouvent, à juste titre, tendu, agressif, colérique. Il me dit qu'il est si bien dans un monastère, ou à Paray-le-Monial, qu'il y trouve la paix. Je constate qu'il n'a pas de lieu à lui dans son appartement parisien, qu'il travaille dans la salle à manger. Je l'invite à aménager un espace qui lui soit propre, où il ait la possibilité de se mettre au calme ou bien, puisqu'il exerce une profession libérale, de louer à l'extérieur une pièce où il puisse aussi bien travailler que se ressourcer et prier. C'est ce qu'il choisit de faire.

Une bonne terre

Pour aller mieux, nous avons besoin d'une bonne terre, d'un endroit, quel qu'il soit, où nous nous sentons bien, un endroit qui nous ressemble, où nous pouvons nous poser, nous « pauser », où nous nous sentons en sécurité.

Un oiseau ne peut pas se poser sur terre si, dès qu'il s'en approche, il se sent agressé de toutes parts. Or, beaucoup d'entre nous sommes comme des oiseaux fragiles, avec leurs petites pattes, vulnérables lorsqu'ils se posent. C'est une des raisons, mais pas la seule, pour lesquelles certains se sentent attirés par la vie monastique ou une communauté qui représente, pour eux, la terre qui leur correspond.

Il faut bien comprendre, de ce point de vue, que les êtres humains sont comme des animaux qui ont des besoins, des désirs et des comportements différents selon leur nature. La « bonne terre », l'ancrage terrestre d'un quadrupède ne sont pas les mêmes que ceux d'un poisson (« comme un poisson dans l'eau ») ou d'un oiseau. Cela explique, d'ailleurs, beaucoup de difficultés familiales ou de couple lorsque les personnes en présence, les époux, ne sont pas de même nature et que l'un, par exemple, a besoin de la ville quand l'autre est mieux à la campagne. Sans parler des différences d'âge : l'environnement qu'aiment les petits enfants ne sera plus le même à l'adolescence. Les goûts pourront encore changer, plus tard, à l'âge de la réalisation professionnelle adulte, puis à celui de l'expérience de la maturité, et enfin à celui de la retraite.

Que faire de nos différences ?

J'ai côtoyé beaucoup de couples qui pensent s'être mal choisis, être trop différents l'un de l'autre. Certains persévèrent et cherchent à approfondir le lien pour des raisons de fidélité à l'engagement, au sacrement. D'autres constituent davantage une association de personnes que réunissent surtout des intérêts financiers, immobiliers, sociaux, familiaux, le souci de ne pas briser le foyer, parfois celui du qu'en dira-t-on et de ses conséquences… Dans tous les cas, il est important que soient respectées les différences de personnalité et de tempérament, et de trouver de vrais compromis pour éviter les disputes incessantes, les reproches et les rancœurs accumulées. L'une des façons consiste à trouver un bon équilibre entre les temps passés ensemble et les temps où chacun a ses propres activités, ses amis, ses centres d'intérêts, ses sorties.

Vivre son originalité dans la complémentarité est l'une des clés de la réussite du couple. Dans le milieu chrétien, j'entends bien souvent des phrases comme : « Nous n'arrivons pas à prier ensemble… », « Il ne pratique pas… », « Il m'accompagne à la messe pour me faire plaisir… »,

« Je voudrais donner plus de temps au bénévolat, mais elle me fait comprendre que je suis déjà suffisamment absent de la maison avec mon travail… », « Il ou elle ne respecte pas ma religion… » Toutes ces expressions témoignent d'un décalage, en l'occurrence spirituel. C'est vrai que l'on a envie de partager avec celui ou celle avec qui l'on vit et, en particulier, quand on ressent un vrai cœur à cœur avec Dieu. Mais on a aussi à respecter la différence et les besoins de l'autre : cheminer ensemble dans la foi est un idéal que peu de couples partagent vraiment, et ce ne doit pas être une marche forcée, chacun ayant son rythme. Et au lieu de nous affliger de ne pas avoir le même désir de Dieu, appliquons-nous plutôt à considérer, avec bienveillance, la foi et les intérêts du conjoint, et à être heureux des moments où nous nous retrouvons, même si celui-ci a fait du sport ou a regardé la télévision le dimanche matin…

Dans mes chroniques, j'ai déjà évoqué le cas de nombreux couples qui se parlent comme ils n'oseraient le faire à un étranger, sans indulgence ni compréhension. Il arrive souvent que, de façon consciente ou inconsciente, l'un se trouve mieux que l'autre sur le plan physique, moral, intellectuel, affectif. C'est là que nous avons à prendre conscience qu'aucun de nous n'est complet. Un homme complet, une femme complète accueillerait aussi bien sa partie féminine que sa partie masculine, en ferait une synthèse.

Au lieu de privilégier en soi un seul type d'animal (taureau, biche, crocodile, pinson…), un être en évolution développe aussi les qualités d'autres animaux de sa ménagerie intérieure, de son arche de Noé. Jésus avait développé un corps solide (il était charpentier), marchait beaucoup ; il savait parler aux foules, écouter, se rendre chez les uns et chez les autres, reconnaissant leurs spécificités ; et, bien sûr, il savait se ressourcer en son Père sur la montagne, en allant de l'autre côté du lac... On pourrait dire qu'il avait unifié en lui ce que représenteront les quatre évangélistes : le Taureau, l'ancrage sur la terre, les sensations (saint Luc) ; le Lion, l'action, la force, la saine affirmation de soi (saint Marc) ; l'Aigle, l'inspiration, l'intuition, le vécu de l'Amour divin (saint Jean) ; et l'Ange ou l'Homme, la tête, la compréhension intellectuelle, la capacité de formaliser, d'enseigner (saint Matthieu). Et il avait d'abord un cœur d'agneau si aimant, si doux, si tendre, si vulnérable. Il avait donc épanoui les différentes couches de sa personnalité à partir de son être profond. Il savait parler différents langages et s'adresser à des « animaux » variés tels le centurion romain, Zachée, Marie Madeleine, les pharisiens, les disciples, etc. C'est pourquoi, d'ailleurs, il était entouré de douze apôtres, dont on pourrait dire qu'il constituait la synthèse.

C'est une leçon pour nous tous. Des quadrupèdes doivent apprendre à développer leurs ailes ; des oiseaux, à se faire pousser des racines terrestres pour éviter de planer ou de fuir dans une spiritualité désincarnée ; des lions, à tenir compte de la fragilité d'autrui en mettant à jour leur propre agneau intérieur ; des agneaux, à protéger leur sensibilité en apprenant à s'affirmer positivement, à mettre des limites aux autres, à défendre leurs valeurs comme savait si bien le faire Jésus, le Lion de la tribu de Juda.

Nous avons tous à devenir comme des arbres, bien enracinés dans la terre, avec un tronc solide (un bon moi) où puissent s'accrocher des branches portant des feuilles, des fleurs puis des fruits (la fécondité spirituelle). La sève, qui prend sa force dans la décomposition du compost au niveau des racines (accepter et transformer ses imperfections) et dans l'eau du sol profond (découvrir au fond de nous la source d'eau vive), doit ensuite se diriger vers le haut pour donner du fruit. Mais sans racine, sans ancrage dans la terre, sans tronc et donc sans fonction parmi les hommes, il n'y aura pas de fécondité.

De la démotivation à la découverte de sa voie

Mon expérience de consultant en entreprise m'a fait rencontrer bien des cadres, ouvriers ou agents de maîtrise démotivés à cause de la déshumanisation, de l'efficacité à tout prix ou, simplement, parce qu'ils se sentent mal dans leur métier, pas à leur place.

Si l'on a un travail alimentaire pour lequel on n'est pas fait profondément ou qui devait uniquement servir de formation pour être abandonné ensuite[1], on ne se reconnaît pas dans les tâches qu'on accomplit quotidiennement. Bombardés de mails auxquels il faut répondre de toute urgence, prisonniers de l'ordinateur qui impose ses

1. Certains métiers servent de base pour assurer un minimum vital dans l'avenir, si nécessaire, ou pour un nouveau métier intégrant les acquis, mais dans un environnement plus humain, plus spirituel, avec d'autres valeurs. On peut aussi devenir conseil et ainsi manager son temps plus librement après avoir acquis une spécificité, un savoir-faire technique reconnu.

règles et où l'expression se réduit à son minimum – dire vite en peu de mots –, accaparés par les missions de plus en plus complexes à accomplir en un temps express, on n'a plus le temps de se « pauser », de réfléchir, se ressourcer, se refaire, reprendre contact avec son être profond.

Bernard occupait un haut poste financier dans une entreprise. À première vue, il n'avait pas de problème professionnel. Il menait à bien ses missions, atteignait ses objectifs. À 38 ans, apprécié pour son expérience et ses compétences, il gagnait sa vie très confortablement. Bref, il « avait tout pour être heureux ». Pourtant, il ne l'était pas. Il lui manquait donc quelque chose d'essentiel. Il avait l'habitude de porter des chemises à manches courtes. Sa tenue vestimentaire, ses lunettes très classiques évoquaient en moi l'image que l'on a souvent du chirurgien. Un jour, je le lui dis. Troublé, il me confia qu'il avait toujours eu le désir de soigner. Mais les événements, les nécessités économiques l'avaient conduit à entrer dans le monde de la finance. Bernard venait d'exprimer son originalité. Il en prit conscience et accueillit cette nouvelle comme un cadeau. Cette fois, il ne passerait pas à côté de sa vocation. Nous avons préparé ensemble sa réorientation éventuelle pendant deux ans. Lorsque l'entreprise qui l'employait proposa un plan de départ à cause d'une nécessité de compression de personnel, au lieu de craindre d'être concerné, il saisit cette opportunité pour demander à en faire partie. Étant donné son ancienneté, il perçut plusieurs mois de salaire. Pas de sabotage de sa part avec des phrases poison comme on en entend souvent : « Il est trop tard, ce n'est plus possible, jamais je n'y arriverai... » Il ne céda pas non plus à des peurs bien compréhensibles qui auraient fait obstacle à sa nouvelle voie : « Dans ce contexte de crise, je ne peux pas prendre le risque de... » Bernard avait déjà préparé et anticipé le changement en cherchant comment il souhaitait soigner. Il s'était renseigné sur les différentes professions médicales et paramédicales, et avait découvert l'ostéopathie. Il commença alors des études d'ostéopathie qu'il mena à bien grâce au chômage, ses indemnités de licenciement et un peu d'argent d'avance que possédait son épouse (il faut dire qu'il n'avait qu'un seul enfant, ce qui facilitait les choses). À environ 45 ans, il ouvrit son cabinet. Aujourd'hui, il a une belle clientèle et, surtout, il se sent bien dans son métier, il est plus heureux.

Ce témoignage n'est pas unique en son genre, il ne tient pas du miracle. Cela ne s'est pas réalisé sans préparation, ni sans prendre du temps. Cela mit plusieurs années, car tout changement se prépare longtemps à l'avance.

C'est ce que je dis à Christine qui s'ennuie dans la grande surface où elle travaille. Elle ne se retrouve ni dans les tâches répétitives qu'elle accomplit chaque jour ni dans la vente, bien qu'elle ait un diplôme d'une école de commerce renommée. « Mon rêve est de travailler chez les orphelins apprentis d'Auteuil. »

Nous nommons souvent « rêve » notre aspiration profonde parce qu'elle nous apparaît, quand nous sommes engagés sur une autre voie, comme quelque chose d'irréel, une ambition difficile à atteindre, lointaine.

Christine se sent concernée par l'aide à l'enfance en difficulté. La Fondation d'Auteuil, à laquelle se sont consacrés l'abbé Roussel et le père Brottier, répond à son idéal d'écoute, d'accompagnement, d'insertion, d'éducation et de foi. Pour parvenir à réaliser ce « rêve », Christine doit repenser sa vie. « Si je fais ce pas, dit-elle, je vais vers l'inconnu. Je vais perdre mes amis, ils ne comprendront pas. » Elle pense les choses en tout ou rien. Je lui conseille de prendre le temps, de procéder par étapes, de garder, pour l'instant, son travail tout en allant rencontrer les responsables de la Fondation, des éducateurs, des enfants… afin de tester la réalité du projet et sa faisabilité, savoir quelles études entreprendre, quel poste viser… Je lui propose aussi de profiter de vacances pour y passer quelques jours, « pour voir ».

Accueillir son originalité

Trouver notre mission est d'autant plus difficile que ce que nous portons, tout au fond de nous, est fort différent de l'image que nous avons de nous-mêmes, de ce que l'on nous a dit, de ce que l'on a attendu de nous, de ce que nous accomplissons actuellement. La possibilité de réussir le changement dépend aussi des contraintes familiales, financières qui sont les nôtres. C'est évidemment plus facile si nous avons un ou deux enfants (par exemple en bas âge) que si nous en avons six ou sept…

Mais j'ai assisté à bien des transformations qui, à vue humaine, paraissaient impossibles de prime abord.

La société nous impose ses valeurs orchestrées par les médias : la performance, la notoriété, le look, le « jeunisme », la mode, le culte du corps… Savons-nous faire le tri, nous constituer notre propre opinion, découvrir la vraie beauté dans la spécificité de chacun, faire la différence entre le paraître, les liftings et un bon entretien physique, nous émerveiller devant la lumière et la jeunesse intérieure de certaines personnes âgées qui ont mis à jour leur être profond ?

Quand nous ne nous lançons pas dans la course à l'argent, quand nous n'avons pas les mêmes valeurs, la même façon de vivre, quand nous n'aimons pas la presse « people », certains regroupements de foule ou les spectacles « live », quand nous ne crions pas à l'unisson pour telle ou telle équipe sportive, nous sommes en décalage avec beaucoup.

Accueillons notre originalité sans mépriser les autres et tout en sachant les écouter et leur parler.

Parfois, c'est la condition animale qui nous émeut avec la maltraitance, l'extermination des espèces à des fins économiques. Ou ce sont les situations humaines – pauvreté, solitude, souffrance des malades, enfants martyrisés, dans notre pays ou par-delà nos frontières – qui nous bouleversent.

D'autres fois, c'est le sort de la planète malmenée, blessée par la surexploitation industrielle, par le gaspillage des ressources, malade de toutes les pollutions qui empoisonnent l'eau, l'air, les sols et toutes les sources de vie, mettant à mal l'avenir des générations futures, qui nous tourmente.

Nous pouvons aussi être sensibles plus que d'autres à certains drames familiaux, sociaux, économiques, aux catastrophes naturelles ou écologiques, aux scandales en tous genres, sans être pour cela conditionnés par les médias ou notre éducation.

Nous pouvons avoir le sentiment de ne pas trouver notre place devant une certaine déshumanisation, une uniformisation des modes de vie et des valeurs.

Plus vite, plus haut, plus loin, plus fort, c'est le challenge que la société nous demande de relever. Que d'efforts pour y parvenir ! Pour ne pas être *has been*, on appuie sur l'accélérateur de la performance. Mais notre être intérieur, beaucoup plus lent, beaucoup plus progressif, ne tient pas la cadence. Il se fait distancer et l'écart se creuse. Nous avons l'impression de ne pas « être bons », de ne pas « être dans la course ».

Que se passe-t-il en fait ? Pourquoi ces réactions ? Parce que le fond de notre être est touché. D'où tristesse, nostalgie et colère, et nous risquons de vivre comme des agressions ce qui blesse notre profondeur où règnent la paix, la joie et l'amour, et dont nous ne connaissons pas toujours l'existence ou la nature. Nous vivons comme des agressions ce qui vient perturber voire couper ce lien fin, léger, ténu qui nous unit à notre profondeur, à cette source limpide et pure, la seule vraiment désaltérante. Alors, le danger est grand de nous tisser un cocon dans lequel il paraîtra doux de nous réfugier et nous pouvons être tentés de fuir le monde extérieur.

Passer de l'insatisfaction à l'action

Au lieu de rouspéter contre ce monde, de nous lamenter, de nous poser en victimes ou de chercher des coupables, de nous enfermer dans la nostalgie, découvrons ce que nous sommes vraiment, cherchons pour quoi nous sommes faits et réalisons-le ! Toutes nos aigreurs, nos colères, tous nos mal-être sont des symptômes. Comme le faisaient les révélateurs que l'on utilisait dans la photographie traditionnelle permettant à l'image d'apparaître progressivement sur le papier, passons du négatif au positif !

• Trouvons notre originalité, reconnaissons que nous sommes uniques et, pour cela, renonçons à satisfaire les attentes des autres, apprenons à dire « non », à ne pas ressembler à untel ou à un groupe, mais à être pleinement nous-mêmes.

• Trions dans les informations, dans la norme que l'on nous impose, dans les modèles de couple, de réussite sociale, trions dans ce que disent les autres, dans l'éducation que nous avons reçue de nos parents, et développons une autonomie de pensée.

Se trouvent en nous des dons qui ont besoin de temps, d'apprentissages, d'expériences faites de succès et d'erreurs pour s'épanouir.

Mais, dans ce monde en perpétuel mouvement où la course aux affaires, à l'argent, aux exploits en tous genres est vue comme une réussite sociale, où la séduction, les jeux, le plaisir sont représentés comme des arts de vivre, nous risquons de devenir sourds et aveugles à notre trésor intérieur qui est fait de désir d'amour, de paix, d'harmonie, de fraternité universelle.

C'est ainsi que, au cours de stages, je propose à quatre équipes soit de coopérer, soit d'entrer en compétition. La crainte de ce que vont décider les autres, l'habitude des jeux de compétition et le plaisir qui y est attaché entraînent, le plus souvent, des rapports de force et des réflexes gagnant/perdant où chacun veut l'emporter. D'où craintes, jugements, rébellions, sentiments de trahison et méfiance. Finalement, tout le monde se protège en attaquant et tout le monde perd là où les quatre équipes auraient pu gagner ensemble dans un jeu gagnant/gagnant[1]. Cela montre bien qu'inconsciemment, les valeurs du monde extérieur influencent notre comportement et nous entraînent à agir à l'inverse de nos aspirations profondes. Certains diraient que nous nous adaptons. Mais nous « y laissons des plumes ». Nous nous sentons « mal aux entournures ». Du coup, nous nous dévalorisons : « Je ne suis pas capable de... ; jamais je n'y arriverai... » Nous développons une mentalité de « vilain petit canard », nous sommes insatisfaits ou en révolte ; nous risquons même d'entrer dans un certain nihilisme : « La vie ne vaut pas la peine... », « Tout est pourri... »

Une opportunité de mieux se connaître

Nous mettons souvent très longtemps à savoir qui nous sommes vraiment. Il nous faut parfois des années et des années pour nous accueillir nous-mêmes, pour découvrir nos souhaits, nos désirs profonds. Nous sommes tellement conditionnés par notre façon de vivre ou de penser que nous devenons incapables d'aspirer à autre chose.

1. *Cf.* Yves Boulvin, *La Vie, combat ou cadeau*, Éditions des Béatitudes, 2008, « Sortir des jeux gagnant/perdant », p. 115 et s.

Nous ne sommes pas formés à appréhender le sentiment de décalage comme une opportunité de mieux nous connaître, de nous approfondir, d'évoluer. Et pourtant, tous les mal-être, les malaises, les insatisfactions que nous éprouvons ont un sens. Ils signifient que pousse en nous un désir de vivre autre chose. Ils signifient que notre originalité – pas dans le sens d'extravagance ou d'excentricité, mais dans le sens d'être unique – émerge comme une poussée, une source d'eau jaillissante qui surgit malgré nos conditionnements, nos programmations, nos prisons qui sont des digues contre lesquelles se cassent nos élans.

Nous avons tous à faire cet exercice de recevoir notre vocation, notre orientation profonde.

Être soi, c'est laisser grandir peu à peu son enfant de Lumière, la plus petite des poupées russes[1], pour que, progressivement, toutes les autres poupées que sont nos valeurs, nos aspirations, notre vie affective, s'alignent sur elle et lui ressemblent. Aller de la profondeur, de l'essence même de notre être vers l'extérieur pour que nos choix, nos orientations soient bien le reflet, l'expression de ce que nous sommes vraiment.

Quel est mon axe ?

Quand j'invite les personnes que j'accompagne à y réfléchir, beaucoup ne savent que répondre. Alors je leur

1. *Ibid.*, « Je découvre mon enfant de Lumière », p. 27-31 ; « Les poupées russes », p. 36-39.

propose de se poser périodiquement la question, d'écrire sans censure ni critique tout ce qui leur vient à l'esprit, même si cela leur paraît farfelu, absurde. Le tri viendra après.

À nous de reconnaître les moments pleins, ceux pendant lesquels nous nous sommes sentis bien, à notre place, épanouis. Nous pouvons découvrir ce qui nous manque, quelles valeurs nous tiennent à cœur dans notre travail, notre vie sentimentale, nos relations amicales… Nous pouvons nous remémorer toutes les paroles de vie qui ont été dites – mais les avons-nous accueillies ? – et qui battent en brèche les images toutes faites que nous avons de nous-mêmes. Nous pouvons aussi repérer ce qui nous met le plus en joie, ce qui nous est le plus simple, le plus naturel. Quels ont été les temps forts il y a quelques semaines, quelques mois, un an, dix ans, plus ? Les moments de joie, de plénitude, de bouleversement au meilleur de nous-mêmes sont la preuve de notre identité profonde, de notre trésor intérieur qui s'est alors révélé, qui a vibré. Les défauts que nous nous reprochons le plus révèlent les qualités inverses qui nous les font regretter. De plus, nous ne voyons pas toujours les qualités que nous portons parce que, jusqu'à présent, nous les avons utilisées dans des domaines peu valorisés.

Je pense à cet adolescent qui passe des heures sur ses jeux vidéo au grand dam de ses parents qui n'arrivent pas à lui donner de limites. Lui-même se dévalorise, s'en sent coupable car il a bien conscience, par ailleurs, de ne pas travailler assez en classe. Je lui demande quelles sont ses qualités. Il n'en voit aucune. Je lui fais alors remarquer que, devant son ordinateur, il est capable d'énormément de patience, de persévérance, de rapidité d'exécution, de sens tactique, qu'il a aussi beaucoup d'énergie et de détermination, qu'avec ses camarades connectés au même moment il joue un rôle d'animateur d'équipe, sait leur parler, leur donner des directives, répartir les rôles de chacun... Je lui montre alors que toutes ces qualités lui seront utiles dans un futur travail, lui serviront en tant que manager ou animateur, au niveau humain ou commercial et que, s'il met en œuvre certaines de ces qualités au collège, il réussira beaucoup mieux et ses parents le laisseront plus tranquille. À lui de trouver un juste équilibre...

En tant qu'adultes, retrouver les moments forts, les aspirations, les qualités qui nous habitent va nous redonner la force, le moment venu, de mettre en œuvre les changements nécessaires. Mais surtout découvrir cet endroit profond où Dieu habite et nous revitalise, cet endroit de ressourcement total, nous permettra de nous y replonger fréquemment dans la journée, de vivre irrigués de l'intérieur, branchés sur la source divine, notre ciel intérieur. D'où plus de paix, d'énergie, de joie, car nous nous sentirons unifiés et aimés.

2

À partir de mon mal-être, je me découvre et trouve ma voie

La télévision, le cinéma, les journaux « people », etc., nous présentent une certaine image de la beauté, de la séduction, de la « réussite ».

Si nous ne faisons pas le tri, si nous n'aidons pas nos enfants à le faire, nous risquons d'oublier le but commercial de tous ces modèles qu'on nous propose, de nous éloigner peu à peu de nos valeurs profondes. Notre existence, par rapport à ces modèles factices, peut nous paraître insipide, sans relief, trop « traditionnelle » ou convenue et nous rendre insatisfaits.

Si cette mise en avant des « idoles » nous stimule, nous ouvre des horizons, pourquoi pas ? Mais si elle nous empêche de vivre notre réalité telle qu'elle est et nous amène à des comparaisons où nous nous dévalorisons ou critiquons nos proches qui n'auraient pas assez d'ambition, d'envergure, il y a danger.

Le monde est en profonde mutation. Nous avons à quitter certaines habitudes de vie et de pensée, et à reconnaître le bien-fondé d'outils qui nous facilitent l'existence ainsi que d'attitudes nouvelles plus positives dans le rapport à autrui. Mais de là à nous calquer sur un modèle, à perdre notre individualité, nos convictions profondes, il y a une limite à ne pas franchir ! Soit, ressentant le décalage, nous nous conformons aux modèles ambiants, quitte à oublier notre spécificité, notre intériorité, soit, au contraire, nous le voyons comme une opportunité de découvrir, en contraste, notre chemin personnel.

Une autre réalité nous habite

S'il y a décalage, c'est qu'une autre réalité en nous essaie de nous parler, de nous éveiller, de nous éclairer. Mais nous n'entendons pas suffisamment son incitation. Elle est couverte par d'autres voix psychiques et par l'image contrefaite que nous avons de nous-mêmes, analogue à celle que nous renvoient les miroirs déformants des fêtes foraines. Cette image résulte en grande partie de ce que nous avons entendu dans l'enfance, des phrases poison lancées par des adultes et dont nous portons encore en nous la blessure – « Tu es un bon à rien… », « Qu'est-ce qu'on va faire de toi… » –, de ce que nous avons cru, des parallèles que nous avons établis, presque toujours en notre défaveur, entre nous et telle sœur qui s'est mariée alors que nous ne le sommes pas, entre nous et tel frère qui a une « bonne situation » alors que nous gagnons modestement notre vie…

Cette fausse et mauvaise image de nous, notre « vilain petit canard », s'est fabriquée aussi à partir des comparaisons avec des camarades de classe qui avaient de bons résultats tandis que nous avions du mal à suivre ; à partir des moqueries à l'école et des modèles éducatifs dans lesquels nous ne nous sommes pas reconnus. On nous a mis des étiquettes, qui avaient une part de vérité mais qui nous « enfonçaient » – « manque d'attention, de concentration », « manque de volonté », « niveau beaucoup trop faible », « manque d'esprit de synthèse » –, reçues par les enfants rêveurs, sensibles, artistes ou sportifs que nous étions. Certes, le rêveur aura à développer la concentration, mais, plus tard, grâce à son imagination, il pourra devenir romancier ou inventeur ; celui qui a des difficultés en classe a peut-être une sensibilité musicale, des aptitudes sportives ou est adroit de ses mains ; celui pour qui l'ambiance prime peut être un futur écoutant ou communicant...

C'est ainsi que Jean était capable de fixer son professeur pendant toute l'heure de cours sans rien écouter. Il me dit avoir été dans la peur permanente que l'enseignant lui posât la moindre question sur la leçon, car il lui aurait été impossible de dire simplement sur quel sujet elle avait porté. Lui qui, en comparaison de la plupart de ses camarades et de son frère, futur ingénieur, se trouvait « nul » en maths et en physique a fait carrière dans la bande dessinée !

Ainsi, petit à petit, se forge en nous une image à l'origine de complexes, de doutes – « Je ne suis pas comme tout le monde, je ne suis pas un manuel, je ne suis pas un intello... » – et de dévalorisations – « Je n'y arriverai pas, j'en suis incapable » –, au lieu de découvrir ce que nous sommes vraiment, notre type d'intelligence, nos capacités réelles. Les carapaces extérieures font écho aux blessures intérieures. Il devient bien difficile de se trouver et de découvrir sa spécificité dans l'orchestre que constituent le monde et la société. Sommes-nous faits pour jouer plutôt de la harpe, du piano, du violon, de la contrebasse ou bien de la flûte, du hautbois, du pipeau ou encore de la batterie, du triangle, etc. ? Symboliquement, de quel instrument savons-nous tirer des sons harmonieux ? Quelle est notre partition ? Où sont nos dons ?

Un sentiment d'étrangeté, de malaise

À chaque fois que nous avons été amenés à nous détourner de notre axe, à nous éloigner de notre réalité intérieure, nous avons éprouvé un sentiment d'étrangeté, de malaise. Nous avons eu l'impression désagréable de nous soumettre à des habitudes, à des conventions, à des façons de ressentir qui n'étaient pas les nôtres... Alors, au lieu de considérer les choses négativement – « Ce n'est pas pour moi, je n'ai pas trouvé ma place... Je me sens mal... » –, raisonnons positivement : « Voici ce à quoi j'aspire... Voici ce dont j'ai envie... Voilà ce qui me motive... »

Pour nous connaître, pour découvrir notre identité profonde, pour savoir quel est notre instrument, quelle mélodie est la nôtre, restons à l'écoute de toutes les fausses notes, de tous les moments de décalage que nous avons ressentis. Ils nous parlent de nous. Ils nous révèlent à nous-mêmes.

Il s'agit-là d'un véritable retournement de pensée pour une renaissance, analogue à celui du bébé qui se retourne dans le ventre de la maman juste avant l'accouchement.

Pour y parvenir, nous avons à mettre de côté les phrases poison que nous avons entendues sur nos manques, nos faiblesses, ou celles que nous avons ruminées : « Je ne vaux rien » ; « Je suis nul ». Nous avons également à écarter les phrases programme « Fais du commerce... », « Tous ceux qui ne savent pas quoi faire font du droit ou de la psycho... », « Un garçon ne pleure pas, n'a pas peur... », ainsi que tous les préceptes auxquels nous nous sommes soumis et qui, malgré la part de sagesse et de prudence dont ils étaient porteurs, ont pu empêcher notre vision personnelle de se manifester.

Écouter et donner un sens

Exerçons-nous à écouter les apparentes cacophonies de notre existence et à leur donner un sens. Reprenons le parcours de tout ce qui nous a fait mal, de tout ce qui nous a blessés, des souvenirs pénibles de notre enfance qui nous ont le plus marqués, et que nous avons à considérer comme des révélateurs de notre intériorité.

Ainsi, ce petit garçon qui s'en voulait de ne pas avoir prêté sa petite poupée noire à sa grande sœur lorsqu'elle avait été opérée de l'appendicite. Tout son malaise venait de l'invitation qu'on lui avait toujours faite à être charitable et qu'il n'avait pas pu respecter ce jour-là parce qu'il aimait cette poupée plus que ses autres jouets. L'importance qu'il accordait encore, adulte, à cet épisode, d'autant plus anodin qu'on ne lui avait rien reproché à l'époque et qu'il n'y avait pas eu de conséquences négatives, permettait de détecter chez lui un vrai désir de partage !

Cherchons de quoi nous avons honte

Est-ce quand nous n'avons pas été fidèles à nous-mêmes ? Et sur quel point, quelle valeur ? Si nous avons honte, par exemple, d'avoir répété une confidence, c'est que notre idéal était de savoir garder un secret. Si c'est d'avoir menti à un ami, cela signifie que la franchise était importante pour nous. C'est vrai surtout si nous sentons que cette honte ne vient pas d'une injonction extérieure du type : « Sois gentil, sois franc… » ou, au contraire, d'une phrase du genre : « On ne peut jamais te faire confiance », mais qu'elle vient d'un décalage avec notre désir profond[1].

Si nous avons honte de ne pas donner aux œuvres ou aux personnes en difficulté, que nous repérons que nous avons peur de nous « faire avoir[2] », de manquer d'argent dans l'avenir…, c'est qu'en nous, un vrai désir de générosité cherche à trouver sa place.

Si nous avons honte de certains agissements sexuels (excès ou blocages) et pas seulement à cause de « tabous », c'est qu'en nous un désir de pureté, de transparence, de respect du corps, de vrai amour est réveillé.

Si nous avons honte de notre corps, d'où cela nous vient-il (moqueries, humiliations, comparaisons…) ?

1. *Cf.* Yves Boulvin, *La vie : combat ou cadeau*, *op. cit.*, « Mes hontes, chemin de miséricorde », p. 88-91.

2. *Ibid.*, « J'identifie mes peurs » et « Je guéris de mes peurs », p. 78-87.

Nous le trouvons trop ceci, trop cela, pas assez ceci, pas assez cela. Nous pouvons bien sûr le développer, l'harmoniser, faire du sport, avoir une meilleure hygiène de vie, rechercher une alimentation plus adaptée... Mais avons-nous découvert, par analogie, que toutes les espèces d'animaux ont des corps différents ? Celui d'un oiseau ne ressemble pas à celui d'un quadrupède et tous les quadrupèdes ne sont pas identiques. Or, dans l'arche de Noé, il y a une place pour tous les animaux. Certains ont des plumes, d'autres des poils, d'autres des écailles... Certains ont une peau douce, d'autres moins. Ils n'ont pas tous la même couleur, les mêmes habitudes, la même vision, le même type d'intelligence, de finesse ou de mémoire, la même apparence corporelle. Il n'y a pas un mâle ou une femelle « type ». Alain ne se trouve physiquement pas assez « homme ». Il se dévalorise par rapport à d'autres selon lui plus « virils ». Il peut se rééquilibrer, travailler son côté masculin. Mais la structure osseuse, la pilosité, la physionomie d'un oiseau ou d'un cerf ne seront jamais ceux d'un rhinocéros !

Découvrons notre vraie identité corporelle ! Devenons pleinement ce que nous sommes, mais à l'intérieur de ce qui pourrait nous symboliser (pensons, sans nous y enfermer, aux totems des Indiens et des scouts...). Il y a par ailleurs une différence entre un « mâle » et un homme. Saint Joseph était un *isch*, un homme vrai. Il est dit de lui qu'il était fort, robuste, mais qu'il était aussi très sensible et qu'il lui a été épargné d'assister à la souffrance de Jésus sur la croix. Quant à Jésus, il a pleuré et a été maintes fois « ému de compassion »...

Qu'est-ce qui nous touche ?

Attardons-nous sur les moments où nous avons été touchés positivement. Qu'est-ce qui nous a fait du bien : est-ce quand on nous a parlé de notre intelligence, de notre sensibilité, des attentions que nous avons eues pour les autres, de notre imagination, de notre créativité ? Quels sont les compliments qui nous ont le plus touchés, qui ont servi de révélateurs de qualités que nous ne connaissions pas : « Tu es sympathique… », « Tu as du cœur… », « Je te sens vrai… », « On est bien en ta présence… »

Avec qui nous sommes-nous sentis en harmonie, en complicité ? En quelles occasions avons-nous eu le plus l'impression d'être en accord avec nous-mêmes ?

Nos modèles

Pour mieux nous découvrir, souvenons-nous de nos modèles, relisons ce que nous avons admiré chez les personnes qui ont marqué notre vie, à qui nous avons accordé de l'importance. Certes, quelques-unes d'entre elles ont pu nous détourner de notre voie et nous avoir influencés, ont exercé un pouvoir sur nous. Ici aussi, nous avons à faire le tri et à nous dégager de ce qui, en elles, nous a contaminés. Mais d'autres, au contraire, ont été des phares, des révélateurs, des éveilleurs. Que nous ont-elles dit ? Que nous ont-elles appris ? Quelles paroles bienveillantes et stimulantes de leur part avons-nous retenues ? Et si nous les admirions, en quoi ce qu'elles étaient suscitait de la résonance en nous ? Quelles qualités, quels dons avions-nous en commun, au moins potentiellement ?

Être des révélateurs

Les parents des enfants qui ont peu confiance en eux peuvent valoriser leur faculté d'écoute et de discrétion, mais aussi beaucoup encourager leurs paroles : « C'est bien, c'est beau ce que tu dis... » ; « J'aime quand tu t'affirmes, que tu exprimes ta position... » De même, devant un enfant qui peine au piano, mais qui s'applique de tout son cœur, des parents ou des proches peuvent dire : « Bravo, continue, ne t'inquiète pas de tes fausses notes, ne te décourage pas, tu as une façon de jouer qui me touche... » On peut encore relever un futur talent d'harmonisateur, de médiateur chez celui/celle qui a du mal à prendre parti et qui comprend les différents points de vue dans une conversation, une querelle.

Des phrases encourageantes aident à révéler les dons. Nous sommes tous potentiellement des révélateurs des prédispositions d'autrui.

Alors que j'avais environ 30 ans et que j'insistais sur l'amour et la compassion plus que sur l'autorité, la rigueur et la sagesse, un thérapeute de mes amis me fit remarquer que j'avais une ride verticale au milieu du front, juste au-dessus des yeux. Il y voyait le signe d'un don de discernement. Cela m'ouvrit des horizons et, aujourd'hui, je suis amené à aider beaucoup de personnes à discerner dans leurs choix de vie...

Découvrir nos qualités

Allons à la découverte de nos qualités ! Nous pouvons, par exemple, observer celles que nous avons mises en œuvre dans l'enfance en découvrant qu'il y a en nous un organisateur, parce que nous aimions organiser des fêtes pour nos camarades ; un animateur, parce que nous leur proposions des jeux ; un responsable, parce que nous avons été délégué de classe ou chef scout ; un être patient, parce que nous passions des heures à des jeux d'adresse ou à construire des puzzles ; un pédagogue, parce que nous donnions volontiers des explications ; un artisan, un artiste, parce que nous aimions fabriquer des objets, colorier ; quelqu'un de perspicace, car nous excellions à répondre aux devinettes ou nous anticipions le dénouement des romans policiers... Nous pouvons ainsi trouver, pour chaque activité pratiquée dans le passé ou dans le présent, l'aptitude qui lui correspond.

À l'instant même, vous qui lisez ces lignes, pouvez-vous y réfléchir, quitte à vous faire aider ?

La découverte de notre identité profonde, de notre originalité passe par la connaissance de nos qualités. Or, la plupart d'entre nous sommes incapables de les nommer. Si nous y parvenons, nous citons, très souvent, les aptitudes les plus valorisées par notre famille d'origine. Ou bien, nous parlons aussitôt de nos défauts : « Je ne sais pas si je peux être courageux, mais je sais que je suis plutôt paresseux », comme si nous étions plus à l'aise dans la dévalorisation de nous-mêmes. D'ailleurs, nous avons du mal à accueillir les valorisations qu'on peut nous faire et donc à les retenir, les ancrer en nous comme des sources de vie (« Mais non, je ne suis pas comme ça », « Si tu vivais avec moi, tu ne dirais pas ça », « Ce n'est pas ce que dit ma femme, mon patron… »).

Retrouver l'estime de soi, se faire confiance, c'est pouvoir dresser objectivement la liste de toutes ses qualités. Un spécialiste de l'affirmation de soi, Hervé Magnin[1], développait cette métaphore : si l'on casse une patte à un mille pattes, il lui en reste neuf cent quatre-vingt-dix-neuf autres sur lesquelles il peut s'appuyer pour avancer. Je compléterai par une autre image : si l'on casse la jambe d'un unijambiste, il ne peut plus bouger. Cela signifie que, plus nous connaîtrons et reconnaîtrons l'ensemble de nos qualités, mieux nous résisterons aux problèmes, aux accidents de la vie et aux critiques. Nous saurons faire le tri et garder ce dont nous pourrons tirer profit sans nous sentir détruits (parfois « l'ennemi » est « l'ami » quand il nous fait réfléchir sur nous-mêmes). Si l'on remet en cause l'une de nos qualités, si l'on nous reproche certains défauts, nous pourrons d'autant mieux écouter et en tenir compte que nous ferons le tri, que nous ne serons pas comme une éponge et que nous pourrons nous appuyer sur d'autres ressources et qualités. Si nous ne pouvons en citer qu'une, nous serons particulièrement fragiles et, si celle-ci est touchée, nous n'aurons plus rien pour nous soutenir. Comme l'unijambiste blessé, nous ne pourrons plus avancer.

---

1. Hervé Magnin, *C'est décidé, je m'aime*, Éditions Jouvence, 2009.

Écoutons quand notre cœur a parlé

J'avais tout juste 15 ans quand, pendant les vacances d'été, j'ai passé une quinzaine de jours dans le Jura comme aide moniteur dans une colonie des sœurs de Saint-Vincent-de-Paul pour enfants orphelins. Ce fut, pour moi, une période de vie particulièrement intense. Le quotidien y était simple, authentique. Même si nous traversions des moments difficiles, des conflits parfois poignants, je me sentais bien avec ces enfants, avec les religieuses qui, pourtant, avaient leur caractère, avec le père capucin qui nous accompagnait. De plus s'éveillaient en moi des sentiments amoureux pour une monitrice très dévouée et souriante.

Je vécus douloureusement le retour dans ma famille, fin juillet. Le contraste était saisissant. Ma famille n'y était pour rien, mais je ressentais la nostalgie des rapports humains que j'avais connus dans le Jura. Avec mes parents, je passais des vacances en montagne. Il pleuvait sans discontinuer et je me souviens avoir fredonné, parodiant la chanson de Sylvie Vartan :

J'écoute en soupirant la pluie qui ruisselle
Coulant doucement sur mon carreau
Comme un millier de larmes qui me rappellent
Que je suis loin de la colo.

On aurait pu dire que j'étais trop sensible. Mais pourquoi ai-je vécu ce sentiment profond et à ce moment-là ? Ce fut l'un des épisodes de ma vie qui m'a le plus marqué.

Près de cinquante ans plus tard, sans bien sûr savoir tout cela, les religieuses de la rue du Bac, à Paris, m'ont demandé, deux années de suite, d'animer une session pour des filles de la Charité de Saint-Vincent-de-Paul de différents pays…

Sur le plan amoureux, je compris que j'étais attiré par des femmes souriantes, généreuses et spirituelles (dans tous les sens du terme) qui faisaient le choix d'un métier humain (mon épouse est infirmière[1]).

Dans tout cela, j'avais touché à l'essentiel pour moi, et je me sentais en décalage avec mon milieu bourgeois d'origine : maison dans l'ouest de la banlieue parisienne, école privée à Saint-Germain-en-Laye « bien sous tous rapports » mais où je me sentais mal. Je me souviens qu'au cours d'une visite médicale, dans cette école, nous attendions tous notre tour en sous-vêtements. Un nouvel élève portugais, d'un milieu plus modeste, sentait très fort la transpiration. Les autres ont commencé à ricaner et à se moquer. Cela me fit vraiment mal pour lui.

Que me manquait-il dans ce milieu dit « favorisé » ? Étaient-ce les enfants d'ouvriers, les enfants de mineurs avec lesquels je jouais quand j'étais petit, en Belgique, où mon père occupait le poste de sous-directeur d'une usine métallurgique ?

Est-ce un hasard si, consultant, je m'entendais aussi bien avec les groupes d'ouvriers qu'avec les cadres ? Avec les seconds, je retrouvais mon milieu d'origine, mais les

1. Pour les critères de choix conjugal, voir Yves Boulvin, *Réussir sa vie affective*, Éditions des Béatitudes, 2009.

premiers me rappelaient ceux qui avaient été mes vrais camarades d'enfance.

Ainsi, tous les éléments d'une vie peuvent servir... Les animateurs et animatrices qui coanimaient, avec moi, des stages pour des agents de fabrication me disaient retrouver, eux aussi, à leur contact, des valeurs brutes qu'ils avaient tendance à oublier en tant qu'intellectuels citadins. Nous étions évalués sur nos compétences, mais également, sur le plan humain, sur le fait de ne jamais paraître supérieurs ou méprisants, sur notre capacité à les respecter, sur notre simplicité et notre authenticité. Dans ces valeurs de base, je retrouvais celles des orphelins dont je m'étais occupé, celles que deux petits cousins handicapés mentaux me poussaient à développer, celles que vit Jean Vanier avec son Arche, celles de mes patrons à la direction du grand groupe de conseil qui m'a formé : l'un avait eu la polio, l'autre était quasiment aveugle.

Comprendre nos bouleversements intérieurs

Il y a en fait beaucoup de moments où s'exprime notre être profond. Par exemple, ceux où nous sentons un *bouleversement intérieur* au-delà de notre psychisme, une émotion profonde, libératoire. Pour ma part, moi qui vais très peu au cinéma, j'ai deux souvenirs précis, vécus en regardant deux films. Le premier, *Saint François d'Assise ou les chemins du soleil*, de Zeffirelli, décrivait la vie de saint François et les différentes étapes de sa renaissance. Là, j'ai vraiment eu le sentiment de rencontrer le petit François et son cheminement intérieur et, plusieurs fois, mes larmes ont coulé. Le second, très différent, était un film de Woody Allen, *Alice*, que je regardais sans enthousiasme. C'était l'histoire compliquée d'une femme qui se cherchait à travers la psychologie, les marabouts, les soignants de toutes sortes, dans une grande ville américaine. J'y percevais toute l'errance d'un psychisme blessé. Et, tout à coup, d'une façon inattendue, surgit une image de quelques secondes. On y voyait Mère Teresa de Calcutta tendre la main, avec beaucoup de compassion, vers le visage meurtri d'une petite fille défigurée. Ce contraste surprenant entre Alice, très centrée sur elle-même et ses problèmes, et la générosité gratuite de Mère Teresa me fit venir les larmes aux yeux.

C'est en reconstituant le puzzle formé par tous ces événements que j'ai compris ma vocation, là où était ma vraie voie. J'aurai sans doute encore d'autres changements de vie pour m'en rapprocher davantage…

Qu'est-ce qui nous manque ?

Interrogeons-nous sur ce que nous aimerions trouver professionnellement et qui nous manque actuellement.

J'évoquerai à ce propos Patrick, électricien. Il a changé souvent d'emploi parce qu'il se sentait mal dans ses différents postes. Nous avons défini ensemble ce qu'il voulait trouver au travail pour être plus motivé. Il me dit avoir besoin d'une bonne ambiance, d'un chef qui lui donne des directives et qui l'estime, dans une entreprise moyenne qui soit bien gérée. Comme il avait fait les trois-huit pendant des années et ne supportait plus le travail de nuit (il me parlait à chaque fois de son manque de sommeil), j'ajoutai à sa liste : un travail de jour. Il voulait n'exécuter que des travaux d'électricité et non plus toutes sortes d'activités du bâtiment comme il l'avait fait, à plusieurs reprises, pour échapper au chômage. Par ailleurs, il acceptait les déplacements. Cette meilleure définition de ses capacités, attentes et besoins lui fit choisir de travailler pour une société d'intérim dont les missions, de jour, lui convenaient parfaitement. Il a ainsi retrouvé le sommeil.

Savoir faire le tri

Faisons le tri parmi ce que nous avons envie d'abandonner, de garder, de développer dans notre vie de loisirs, nos engagements, notre vie professionnelle et sentimentale. Nous pouvons comparer cela à la sélection que nous effectuons dans une armoire à linge. Nous nous débarrassons des habits qui nous serrent, de ceux dans lesquels nous ne nous sentons pas nous-mêmes, ceux qui ne nous vont plus parce que nous avons changé. Nous raccommodons et recousons ceux qui en ont besoin. Nous gardons les vêtements qui nous ressemblent, dans lesquels nous nous sentons bien, qui nous vont bien. Nous mettons à portée de main les vêtements que nous aimons, ceux auxquels nous tenons le plus, qui vont le plus nous servir suivant les saisons ou les circonstances.

Si nous mettons des vêtements que nous n'aimons pas, nous serons « gênés aux entournures ». Si nous n'agissons pas en conformité avec nos ressources intérieures, nous nous sentirons mal.

Il arrive fréquemment que nous nous sentions obligés d'accepter une invitation alors que tout en nous la refuse. Résultat, nous ne savons pas quelle attitude adopter ou que dire dans une soirée mondaine, voire amicale, et nous esquissons quelques sourires de convenance. Avons-nous appris à dire « non », là aussi à faire la sélection sans nous justifier outre mesure, de façon coupable, ni le dire agressivement ? Savons-nous arrêter, partir quand nous le sentons et en nous en donnant le droit ? Savons-nous ne pas prendre un interlocuteur au téléphone, écourter la conversation, raccrocher au bon moment et positivement sans lasser ni nous lasser, nous énerver ?

Nous nous obligeons parfois à faire quelque chose que nous ne voulons pas parce que nous tenons absolument à faire plaisir, parce que nous avons peur que l'on ne nous aime plus, parce que l'autre a insisté ou nous a culpabilisés. Comme dit Thomas d'Ansembourg : « Cessez d'être gentils, soyez vrais[1]. » Si nous nous retrouvons dans ce qui précède, d'où cela nous vient-il ? Avons-nous vraiment le désir de nous améliorer même s'il y a encore en nous de fortes résistances ? « Dites oui, dites non, tout le reste vient du Malin » (Matthieu 5, 37).

Se réorienter

Les sentiments de décalage entre ce que nous faisons et ce que nous sommes en profondeur nous aident surtout à

1. Thomas d'Ansembourg, *Cessez d'être gentils, soyez vrais*, Éditions de l'Homme, 2001.

trouver notre voie, notre vocation ou à nous réorienter, comme nous l'indiquions précédemment.

Jeune diplômé en psychologie, j'ai travaillé pendant dix ans dans une grande société de conseil où, beaucoup trop vite, on m'a propulsé comme expert en créativité et en sciences humaines, alors que je n'avais pas d'expérience professionnelle. Cela m'a amené à animer des comités de direction où se trouvaient des gens beaucoup plus âgés et diplômés que moi, qui parlaient de choses que je ne comprenais pas. Le summum fut atteint le jour où je devais co-animer, en tant que psychologue, une séance de recherche d'activités nouvelles pour une entreprise de peinture. Une demi-heure avant le début de la réunion, j'appris que l'animateur principal, qui avait fait toute l'étude préparatoire et connaissait bien le dossier, avait la jaunisse. J'ai dû animer une réunion sans rien connaître du contexte. Heureusement qu'à l'époque (au début des années 1970), on attendait des psychologues une non-directivité et un recul silencieux !

Ne sachant ni ne pouvant refuser les propositions que l'on me faisait étant donné ma fonction à la direction scientifique de cet important groupe de conseil, je fus amené à intervenir dans de grandes écoles comme l'Ena, Sciences Po et différentes écoles de commerce. Là aussi, je terminais souvent la journée ayant assez bien rempli mon rôle, mais épuisé et angoissé. Par ailleurs, moi qui me dévalorisais, qui craignais de parler, qui n'aimais pas écrire, je devais souvent rédiger des rapports, les présenter oralement à des personnes assez haut placées, ce qui me faisait peur. La seule chose qui me rassurait peu à peu, c'était de m'apercevoir que des cadres supérieurs et des directeurs diplômés de grandes écoles pouvaient être très brillants, très perspicaces, mais très malhabiles sur le plan humain, ce qui, derrière leur carapace, les rendait aussi vulnérables que moi.

Tout cela m'a malgré tout beaucoup appris. Je n'étais pas à ma place. Je ne partageais pas les mêmes valeurs, la même culture d'entreprise. Mais j'étais apprécié et je montai en grade.

Vers l'âge de 30 ans, je demandai un temps partiel progressif, ayant bien pris conscience que mon intérêt personnel n'était pas dans la découverte de noms de marques, d'axes publicitaires ou de nouveaux produits, mais dans ce qui se passait sur le plan relationnel dans les groupes que j'animais. Je me tournai alors vers des formations essentiellement humaines pour résoudre des conflits ou donner les bases d'une bonne communication. Je commençai, par ailleurs, à recevoir individuellement des personnes en psychothérapie. À 33 ans, je quittai définitivement la société de conseil qui m'avait formé pour devenir travailleur indépendant. Pendant ces dix ans, je m'étais senti mal, mais avais eu des réussites, reçu de l'estime de la part des autres. Tout cela m'a aidé à me fortifier. Surtout, j'avais appris à parler, à animer, à enseigner et, à mon corps défendant, à rédiger. Et c'est là que, Dieu faisant de tout un bien, la providence veillant, j'avais acquis des méthodes de travail, des savoirs, des savoir-faire qui me servirent par la suite[1].

1. Entre autres, le livre *100 chemins pour être plus heureux* (Éditions des Béatitudes, 2011) est constitué de cent slogans expliqués que l'on peut mémoriser facilement et qui vont permettre concrètement et efficacement un changement au quotidien. La pratique des phrases courtes vient de ce que j'ai appris en créativité publicitaire dans mon début de carrière...

Grâce à eux j'ai fait, plus tard, de nombreuses conférences sur des sujets de psychologie et de spiritualité qui me tenaient à cœur, des émissions « Foi et psychologie », des chroniques psychologiques sur une trentaine de radios chrétiennes de France et d'Afrique, et enfin, à la demande des auditeurs, j'ai écrit des livres en n'hésitant pas à me faire aider pour la mise en forme. Merci Pascale, Odile, Cathy, Anne et France-Marie…

Finalement, les dix ans de conseil ont constitué une très bonne formation qui m'a permis d'une part de toujours garder, jusqu'à aujourd'hui, un contact avec l'entreprise et, d'autre part, de me préparer à ma vocation de formateur en relations humaines, de psychologue et de chrétien. Mais, pour cela, il fallait que je quitte la structure formatrice pour voler de mes propres ailes…

Aujourd'hui, lorsqu'un employé se sent mal dans ses fonctions, lorsqu'il veut changer de poste, lorsqu'il y a une restructuration dans l'entreprise ou de nouvelles orientations, il peut demander un bilan de compétences. Ce bilan consiste à définir ce qu'il sait faire, ce à quoi il aspire, ses véritables compétences, ce qu'il a réalisé au moins une fois, ce qu'il a réussi (même si cela a paru difficile et a demandé beaucoup d'efforts, même s'il a eu le sentiment de ne pas être à sa place), pour le transposer ensuite dans un autre domaine, dans ce qu'il aimerait faire, ce qui correspondrait le mieux à sa personnalité, ses attentes, ses valeurs.

Pour ma part, je n'ai pas fait de bilan de compétences. Mais c'est l'interrogation sur mon malaise, mes mal-être qui m'a fait découvrir progressivement, de 25 à 35 ans, le sens profond de ma vie, ce à quoi j'aspirais vraiment. Ce que j'ai réalisé à cette époque, grâce à Dieu, d'autres le font plus tard, à 40-45 ans, à la cinquantaine ou à la retraite… Il n'est jamais trop tard !

« Que vais-je faire de ma vie ? »

Cette question cruciale resurgit à chaque tournant de notre existence. D'abord lorsque, enfant ou adolescent, il s'agit d'opter pour un métier. Plus tard, sur le plan sentimental. Puis, adulte, en termes d'activités, d'évolution de carrière, de bénévolat. Enfin, et peut-être surtout, au moment de la retraite.

Nous avons des choix à effectuer, des changements à apporter, et cela peut nous faire d'autant plus peur que nous avons eu plusieurs fois l'impression de nous tromper, d'avoir vécu des errances professionnelles ou affectives. À nous d'en tirer la leçon, de définir de mieux en mieux ce dont nous ne voulons plus, mais aussi et surtout ce que nous voulons vraiment. De ce point de vue, tout est apprentissage et nous avons besoin de nous faire aider. La dissociation entre notre être profond et ce que nous faisons nous donne le sentiment vertigineux d'être passés à côté de l'essentiel, à côté de nous-mêmes, de notre vocation, parce que nous n'avons pas perçu, ou su entendre, l'élan de notre être profond. Alors, justement, que décidons-nous maintenant ? Il n'est pas trop tard, même si, évidemment, le changement passe par des étapes et prend du temps.

Il arrive par exemple qu'autour de 50 ans, un cadre supérieur se voit proposer par l'entreprise des changements de fonctions ou de missions, ou est invité à endosser de plus grandes responsabilités comportant de nombreux déplacements à l'étranger. La crainte du chômage ou de la mise sur la touche, « au placard », peut le pousser à accepter cette proposition, au détriment de sa vie de famille et du temps personnel auquel il aspire. Il y a alors souvent une forte hésitation entre, d'une part, le désir d'une reconnaissance professionnelle et l'assurance d'un confort financier pour la famille, et, d'autre part, le choix d'une voie « de garage » si l'on refuse l'offre, avec tout ce que cela peut avoir d'humiliant, et avec parfois la sensation désagréable, frustrante de mal utiliser ses compétences.

Mais une autre voie est possible : en profiter pour s'interroger sur une évolution de carrière radicalement différente, comme nous l'avons évoqué dans le premier chapitre.

Ainsi Benoît est-il devenu artisan, avec l'accord de sa femme, après avoir longtemps occupé un poste dans la maintenance d'une usine. Profitant d'une opportunité, Pierre a quitté une fonction de management pour vendre des tableaux dans une galerie. Serge a amené toute sa famille dans une île où la vie est beaucoup moins chère et où il a proposé avec succès ses services à un club de vacances. Olivier a décidé de faire les marchés avec son épouse. Éric, 45 ans, agent de maîtrise, est devenu psychothérapeute après avoir poursuivi des études parallèlement à son travail. Gaël a quitté progressivement la ferme paternelle pour se former et devenir assistant social. Tout en continuant à travailler à temps partiel, Jean, viticulteur, a commencé à faire des massages. Évidemment, il faut du courage, on prend des risques, mais : « Je ne voulais plus être un père, un mari absent », « Je voulais une autre vie, du temps pour moi et j'ai cru que c'était possible… »

Bertrand, la cinquantaine, est directeur commercial dans un milieu professionnel considéré comme impitoyable et sans scrupule. Il a su, malgré tout, conserver une fraîcheur d'âme qu'il doit essentiellement à sa foi profonde. Il ne partage pas les valeurs de l'entreprise ni celles de bon nombre de ses collègues, mais il s'entend bien avec son patron pour qui il a de l'estime. Son entreprise ayant été rachetée par un grand groupe international, il assiste au départ brutal de son patron et d'autres personnes dont il était proche. Il sent le « couperet » se rapprocher de lui depuis l'entrevue particulièrement orageuse qu'il a eue avec son nouveau patron anglais. Il pense alors à quitter la société. Mais voilà qu'à sa demande, il est rattaché à un autre manager qui lui propose ce qui pourrait apparaître, à première vue, comme une promotion. Cependant, s'il l'accepte, il devra se rendre très souvent en Russie, avec un challenge encore plus compliqué. De plus, on lui demande de « mettre à la porte » plusieurs personnes de son équipe, ce qui l'éloignerait davantage encore des valeurs qui sont, pour lui, fondamentales. Au même moment, et apparemment miraculeusement, d'anciens clients avec lesquels il avait travaillé cherchent à le débaucher en lui proposant une situation très intéressante financièrement. Mais ceux-ci sont reconnus, dans leur milieu professionnel, pour être des « requins ». Par ailleurs, son ancien patron lui propose de l'engager dans l'entreprise qu'il vient de créer, mais dont l'avenir est incertain. Bertrand a bien conscience que ce serait le même métier, mais dans des conditions différentes et plus humaines. Alors il s'interroge sur l'opportunité, malgré sa cinquantaine avancée, de trouver une autre structure qui corresponde enfin à ses valeurs, ce qui le tente depuis longtemps. Sa femme a quelques craintes. Ils ont quatre enfants dont certains suivent toujours des études. Il choisit de négocier son départ de l'entreprise et la quitte avec des indemnités de licenciement et le chômage. Il propose alors les compétences qu'il a acquises à différentes associations humanitaires et à des sanctuaires. Au bout de quelques mois, il finit par trouver, accepte de gagner moins, mais est plus heureux. Il se sent enfin à sa vraie place. Il me dit : « Quel cheminement ! Mais j'ai retrouvé une vraie paix familiale et je suis enthousiasmé par ma nouvelle vie. J'en remercie chaque jour le Seigneur. »

Être attentif aux signaux de notre être intérieur

Si nous avons été attentifs aux signaux de notre être intérieur – sentiment de décalage, impression de se sentir à part, sensation de malaise, etc. –, si nous avons découvert nos valeurs, notre voie, et si, comme Bertrand, nous avons envie de faire changer quelque chose dans notre vie, malgré nos peurs, notre cheminement passera par plusieurs étapes !

• La première est une période déstabilisante parce que nous envisageons de quitter les béquilles sur lesquelles nous nous sommes appuyés jusque-là pour « supporter » le travail dans lequel nous ne nous sentions pas nous-mêmes, notre milieu social, professionnel, familial qui ne nous reflétaient pas. Toutes les constructions qui nous aidaient à « tenir » ont alors tendance à s'effriter, voire parfois à s'effondrer comme un château de cartes.

C'est une période déroutante où l'on hésite entre, d'une part, le faux confort de sa situation – « Après tout, je gagne correctement ma vie », parce qu'il est plus facile de rester « dans son coin » – et, d'autre part, un avenir attirant, mais qui peut revenir à « se jeter dans l'aventure » avec beaucoup d'incertitudes. On a peur de se noyer et l'on se raccroche à tous les radeaux : « C'est trop tard », « Je n'ai pas le droit à cause de ma femme, de mon mari, de mes enfants, de mes parents âgés... »

• Alors s'ensuit une phase de reconstruction pour que le changement ne ressemble pas à un jeu de hasard. Et pour faire face à nos peurs, il faut le bâtir comme une maison.

D'abord, lui donner des fondations : définir ce que nous désirons vraiment, notre projet. Ce peut être, par exemple, changer de région, de métier ; avoir des activités bénévoles dans lesquelles nous réaliser : humanitaires, sociales, spirituelles, dont l'accompagnement des malades, des personnes âgées ou handicapées ; ou encore fabriquer des produits régionaux (confitures, gâteaux, plats...), confectionner des objets artisanaux (poterie, encadrement), etc.

Le plancher sera le réalisme : garder « les pieds sur terre ». Si nous voulons changer de métier, nous pouvons, comme Bernard qui est devenu ostéopathe ou Bertrand qui s'occupe d'un sanctuaire, profiter d'une restructuration de l'entreprise ou de l'administration, nous assurer des revenus avec les indemnités de chômage ou, comme Joël, avoir quelques économies qui permettent de prendre une année sabbatique.

Les murs seront les moyens que nous allons mettre en place pour concrétiser le projet. Pour cela, prévoyons des étapes. Prenons d'abord le temps de vérifier que le métier envisagé nous convient bien et qu'il est bien conforme aux représentations que nous en avons en allant rencontrer concrètement des personnes qui l'exercent, en les interrogeant, en faisant éventuellement des stages. Puis formons-nous comme Bernard qui a repris des études, comme d'autres qui ont suivi des journées de perfectionnement. Développons enfin un réseau de relations, surtout si nous envisageons de passer en profession libérale, de devenir artisans ou commerçants. Nous aurons besoin de prescripteurs, d'autant plus qu'il faut bien trois ou quatre ans pour se constituer une clientèle. L'important est de se faire connaître. Suivant notre orientation nouvelle, nous ciblerons les pharmacies, les magasins bio, la paroisse… Pour tous ceux, notamment, qui veulent se rapprocher d'un métier plus humain (psychothérapeute par exemple) et se constituer une clientèle personnelle, une émission de radio, une conférence, écrire des articles, un livre, mais aussi avoir un site Internet, faire paraître des annonces dans un journal spécialisé sont des vecteurs à ne pas négliger.

Croire en la réalisation de son projet

Quel que soit notre projet, croyons en sa réalisation. Pour cela, il faut non seulement travailler sur tous les sabotages dont nous sommes nous-mêmes les auteurs – « À quoi bon maintenant… » –, les pensées négatives qui sont des obstacles au changement, mais encore ne pas en parler trop vite à des proches, des amis qui, surtout s'ils craignent eux-mêmes le changement ou n'ont pas l'audace de le faire, risquent de nous décourager : « Tu n'y penses pas, tu vas te casser la figure… » L'entourage peut aussi « mettre la pression » au moment du chômage ou du départ de l'entreprise : « Alors, tu as trouvé ? Ne sois pas trop exigeant… », « Tu n'es pas réaliste, tu rêves… »

Enfin, motivés par notre projet de vie, allons de l'avant, acceptons que cela prenne du temps et ne nous décourageons pas !

Si au contraire d'Éric, Benoît ou Bertrand, nous ne pouvons pas quitter la trajectoire actuelle pour diverses raisons, au moins pouvons-nous enrichir nos temps libres. Et cela dépend de nous ! C'est le cas de ceux qui ont un hobby : poésie, théâtre, peinture, musique, jardinage, bricolage, broderie, sport… C'est aussi le cas de tous ceux qui ont une mission de témoins, comme Christian Faison[1]

1. Christian Faison, Yves Boulvin, *J'ai choisi de vivre*, Presses de la Renaissance, 2010.

ou Tim Guénard[1], particulièrement blessés par la vie et qui s'en sont sortis malgré une enfance cassée par la violence, les coups, le milieu de la prostitution, la faim… Ils consacrent une partie de leur temps à des interventions diverses pour aider tous ceux qui ont eu une enfance malheureuse, ou qui ont connu l'errance, à reprendre confiance en eux. Ils font renaître l'espoir !

« Quelle est ma vocation en dehors de mon métier, en dehors de mes tâches quotidiennes ? » Cette question concerne tout le monde : ceux qui travaillent, ceux qui restent à la maison, ceux qui s'occupent de leurs parents malades, ceux qui vivent seuls.

• Beaucoup de femmes qui se sont consacrées à leur foyer en tant que mère et épouse ont fait taire, pendant des années, certaines aspirations. Cela n'a pas toujours été facile pour elles et explique bien des énervements vis-à-vis de leurs enfants et des reproches répétés à leur conjoint. Les enfants, une fois élevés, quittant un à un la maison, elles pourraient envisager de reprendre une vie professionnelle, trop tôt interrompue, ou de réaliser des désirs qu'elles ont mis de côté depuis longtemps. Si elles ne le font pas, elles risquent de garder un lien trop fort avec leurs enfants qui sont « toute leur vie » et à qui elles demandent parfois qu'ils soient leur « bâton de vieillesse ». Une fois qu'ils seront mariés, elles seront tentées de s'introduire et de s'imposer dans leurs couples, d'y créer des conflits, voire de tout faire pour qu'au moins

1. Tim Guénard, *Plus fort que la haine*, Presses de la Renaissance, 2002.

l'une des filles reste célibataire et s'occupe d'elles. Pour éviter ce risque, plus fréquent qu'on ne le croit, ces mères de famille ne devraient-elles pas s'interroger sur une autre vocation et trouver un nouveau fil conducteur à leur vie en dehors de leurs enfants ?

• C'est aussi ce à quoi ouvrent les séparations et le veuvage : « Qu'est-ce que je vais devenir ? Maintenant que celui ou celle que j'aimais est parti ou a quitté son corps physique, maintenant que celui ou celle avec qui je me suis engagé(e), avec qui j'étais en fusion, a fait un autre choix ou est entré(e) dans l'éternité, que vais-je devenir ? »

Nous qui sommes tristes, bouleversés, qui traversons une épreuve terrible, petit à petit nous allons être amenés à nous interroger sur notre vocation. Qu'avions-nous, en filigrane, que nous n'avons pas exprimé ? Que portions-nous en nous que nous n'avons pas réalisé du fait de notre vie de couple, des préoccupations de l'un, des goûts de l'autre, des différences de valeurs, des rapports de force… ?

• La même question se pose au moment de la retraite. Là aussi s'ouvre un champ nouveau. Qu'allons-nous en faire ? Nous rapprocher de notre conjoint et passer plus de temps avec lui dont le travail nous séparait ? Nous occuper de nos petits-enfants ? Voyager ? Réaliser un rêve ? Œuvrer en commun ? Ou, au contraire, ne pas être trop l'un sur l'autre alors que nous ne nous entendons pas et que nous avons toujours cherché à éviter d'être ensemble grâce au travail ou aux enfants interposés ? Ce qui suppose que chacun se définisse des activités extérieures ! Certains couples en retraite ne tiennent que parce qu'ils ont mis en place de fréquentes « aérations » et des projets séparés.

Alors le : « Qu'est-ce que je vais faire de toi ? » que nous avons entendu dans notre enfance se transforme plus tard, dans notre esprit, en : « Qu'est-ce que je vais faire de moi ? »

Notre corps nous parle

Lorsque nous sommes en décalage avec notre aspiration profonde, notre corps peut nous parler fortement, nous rappeler à l'ordre.

Je pense à Christophe, ce jeune homme de 23 ans qui suivait des études supérieures de chimie. Tout en préparant son diplôme, il s'entraînait régulièrement au football (jusqu'à trois heures par jour, me disait-il). Il respirait la santé, jusqu'au jour où il présenta des signes de fatigue intense et perdit brutalement toute son énergie.

Très inquiet, il consulta plusieurs médecins qui lui prescrivirent des examens dont les résultats étaient à chaque fois normaux. À bout de recherches vaines, Christophe se persuada qu'il avait un cancer.

Je reçus un jeune homme exténué, démoralisé. Tout, dans son discours, révélait qu'il y avait un écart entre les études qu'il avait entreprises, les perspectives d'avenir qu'elles lui offraient et ce qu'il désirait au fond de lui. Je lui proposai un autre diagnostic : les malaises qu'il ressentait pouvaient venir d'une insatisfaction profonde. Je suggérai qu'il commençait une forme de « grossesse », qu'il allait vivre une renaissance[1] et que son état actuel pouvait durer plusieurs mois. Il accepta peu à peu l'idée que son corps s'opposait à la voie qu'il avait prise. Neuf mois environ permirent l'émergence d'un autre projet qu'il découvrit comme une maman apprend à connaître progressivement le bébé qu'elle porte. Et je l'ai vu se transformer peu à peu, recouvrer ses forces quand il décida d'entamer une autre formation plus courte, mais en résonance avec ses valeurs profondes, ses aspirations. Aujourd'hui, il s'occupe de personnes ayant un handicap tout en continuant à jouer au football...

Le corps physique parle. Mémoire de notre histoire personnelle, il porte la marque de toutes nos blessures, de tous nos traumatismes... Il est l'écho de notre monde intérieur.

Certains sont conditionnés par un souci de paraître qui compte plus que leur intériorité, *fashion victims* au point de devenir anorexiques ou boulimiques, ou jeunistes au point de passer plusieurs fois par la chirurgie esthétique, voulant atteindre l'idéal de beauté véhiculé par les médias...

Nous aimerions tellement être plus beaux, plus à l'aise, savoir parler facilement. Et la comparaison est souvent en notre défaveur : trop petit, trop grand, trop maigre, trop grosse, trop frisé, trop ceci, pas assez cela ; et en plus : « Je ne sais pas parler... Je n'ai rien à dire... Je rougis... »

---

1. *Cf.* Yves Boulvin, *Renaître*, Éditions des Béatitudes, 2004.

On cherche souvent à l'extérieur ce que l'on a à découvrir à l'intérieur…

Comme nous ne connaissons pas notre réalité intérieure, nous allons chercher à l'extérieur, projeter sur autrui ce que nous voudrions être, comme ce diplomate petit, trapu, brun, qui admirait les grands blonds sportifs aux yeux bleus. Il vint me voir car il ne pouvait s'empêcher de regarder intensément et obsessionnellement tous ceux qui ressemblaient à son idéal physique. Je lui proposai, à un moment donné, l'hypothèse que ce type très caractérisé était l'image de son propre enfant de Lumière intérieur. Au fond de lui, il était cela. Ce n'est pas seulement qu'il avait à s'accepter différent : petit, trapu, brun ; cela, il ne pourrait le changer qu'en partie et il s'enfermait dans ces catégories étriquées. Mais s'accepter, c'était aussi découvrir en lui une autre réalité : son enfant de Lumière, l'enfant de Dieu. Il regardait les blonds aux yeux bleus comme le renard regardait le petit prince de Saint-Exupéry.

Si seulement nous nous voyions tels que nous sommes et, entre autres, ce corps, cette merveilleuse complexité d'une subtilité extraordinaire, admirablement animé par le souffle de vie[1] ! Combien de fois par jour, par mois, y pensons-nous positivement, le remercions-nous, le bénissons-nous ? Certes, nous pouvons être malades,

1. *Cf.* Yves Boulvin, *La Vie, combat ou cadeau*, *op. cit.*, « Mon corps, mon ami », p. 166.

handicapés, « disgracieux » et le regard des autres nous fait mal parce que nous le percevons ou le croyons impitoyable. Mais avons-nous conscience de tout ce que notre corps physique nous permet de vivre et combien ce qui le traverse de l'intérieur l'embellit ? Et si nous le réalisions vraiment ?

Dépassant l'enveloppe charnelle, allons plus loin, plus au-dedans, et regardons à l'intérieur de nous. Là, au fond de notre corps de chair, habite une autre réalité impalpable, invisible à la radiographie et au scanner, qui voit et perçoit autrement, qui a d'autres sens. Là, tout au fond de nous, réside notre corps spirituel.

Et c'est ici que se situe le principal décalage, celui qui nous dérange le plus : entre ce corps physique que nous dénigrons trop souvent et ce corps spirituel que nous pressentons.

Nous sommes cet enfant de Lumière

Ouvrons les yeux : oui, nous sommes aussi cela, cet enfant de Lumière qui est sans âge, radieux, rayonnant. Si seulement ceux qui ont une infirmité, qui focalisent sur leur handicap, leurs rides, pouvaient penser à cette réalité qui réside en eux ! Si seulement nous pouvions dire à la personne ayant un handicap que nous venons de croiser, à la personne âgée qui traverse la rue, à la personne qui se sent laide parce qu'elle ne correspond pas aux canons de la mode : « Tu es beau, tu es belle » !

Nous ne pourrons le dire que si nous-mêmes avons ouvert nos yeux de Lumière, avons découvert notre réalité intérieure.

Nous formons tous le rêve d'emboîter les pièces de notre puzzle, de rassembler les fragments de notre mosaïque en une composition harmonieuse. Nous avons tous le désir d'être en accord avec nous-mêmes.

Nous avons, au meilleur de nous-mêmes, le désir d'aligner toutes les parties de nous – paraître, personnalité psychologique et être – sur ce que nous sommes profondément. Et cela devrait idéalement concerner aussi nos choix (nos vêtements, notre habitation, nos ressourcements, etc.). Pourtant, la plupart du temps, au lieu d'être un tableau peint avec des huiles qui se complètent harmonieusement et sans rupture, nous sommes plutôt comme une mosaïque, un kaléidoscope constitués de petits morceaux épars dont il faut retrouver la composition, restaurer l'unité. C'est ce qui explique que nous soyons hésitants, que nous ayons du mal à nous aimer et que certaines de nos réactions nous étonnent, comme si elles étaient étrangères à nous-mêmes.

Pour découvrir ce pour quoi nous sommes faits, il faut comprendre qui nous sommes, quelle est notre intériorité, en apprendre le langage.

Découvrir son être profond, c'est d'abord trouver sa tessiture, sa note. Lorsque nous apprenons le chant, au début, notre voix est hésitante, mal placée. Avec beaucoup d'entraînements et d'exercices, elle prend de l'assurance. Nous arrivons à mieux la poser. Puis, elle trouve sa juste place dans la chorale. Son timbre n'est pas plus couvert par les autres voix qu'il ne les dépasse. Dans tous les sens du terme, la voix est bien « positionnée ».

De la même manière, pour faire entendre le son de notre instrument dans le grand orchestre du monde, ne nous laissons plus submerger par la mode, la pensée dominante, le déferlement d'informations, les emballements d'Internet ou l'ivresse du sensationnel qui nous éloignent de nous-mêmes.

L'alignement des poupées russes sur la plus petite, la poupée centrale, nous ne pouvons le réaliser qu'à l'écoute de notre voix intérieure. C'est tout l'inverse de ce que nous avons fait, sans doute, jusque-là, en conformant notre intériorité aux moules extérieurs.

Interrogeons-nous régulièrement. Sur quels plans nous sommes-nous éloignés de nous-mêmes ? Physiquement, dans notre hygiène de vie ? Relationnellement ? Intellectuellement, sentimentalement, spirituellement ?

À quels moments avons-nous cédé aux encombrements mentaux ? Quand nous sommes-nous abandonnés à l'informatique, au virtuel plus que nécessaire ? Quand avons-nous pris l'habitude de nous soumettre, d'imiter, de nous calquer sur des modèles externes au lieu d'être nous-mêmes ? Quand avons-nous cédé à des invitations pressantes dans des milieux où nous nous sommes sentis mal, où nous ressentions que les instruments étaient discordants ou ne jouaient pas notre genre de musique ? Qu'en avons-nous tiré comme leçon ? Qu'en avons-nous conclu ?

Petit à petit, nous allons prendre du recul. Plus nous parviendrons à analyser ce qui nous a amenés à ne pas être fidèles à nous-mêmes, plus nous regagnerons notre liberté.

Nous découvrirons nos constructions, nos masques, nos défenses parfois bâties à la force du poignet. C'est à ce prix que nous parviendrons à nous affirmer, à nous libérer, à nous unifier.

Repassons, en esprit, toutes les fois où nous avons été en accord avec nous-mêmes : où, avec qui, à quels moments, dans quelles circonstances ; vérifions si notre environnement, nos choix de vie nous représentent vraiment ; si nous avons prévu des lieux de ressourcement sur tous les plans ; si nos paroles correspondent à ce que nous pensons vraiment, à ce que nous vivons de l'intérieur…

Replongeons-nous régulièrement, au cours de la journée, dans notre être profond. Réalimentons-nous à cette source fraîche, pure, jaillissante, douce et aimante. Cela nous changera la vie !

3

Je suis branché(e) Ciel et terre

Notre éternité est déjà commencée !

Le Ciel commence sur terre, l'éternité est déjà commencée au-dedans de nous, dans notre profondeur. Cet univers intime se dévoile par des signes que nous percevons plus ou moins : une chaleur, une douceur, une lumière, un rayonnement, un élan, une certitude, une légèreté, une entière confiance quoi qu'il arrive, une paix totale, une joie spirituelle, un amour absolu. Y sommes-nous sensibles ? Le recherchons-nous ? L'avons-nous découvert ?

Quoi de plus bouleversant que d'être aimés pour nous-mêmes, par-delà notre apparence physique, ce que nous voulons donner à voir, nos traits, notre personnalité psychique souvent issue de nos constructions ; par-delà notre situation sociale, financière, par-delà notre âge, notre jeunesse ou nos rides… Lorsque nous sommes aimés, pas seulement pour ce que nous apparaissons, mais pour ce que nous faisons et surtout pour ce que nous sommes tout à l'intérieur de nous, là où se trouvent la bonté, la gratuité, la transparence, l'émerveillement, notre cœur brûle de gratitude et nous nous sentons vraiment compris, rejoints au plus intime.

Notre moi spirituel, notre enfant de Lumière, on l'a dit, ne peut évidemment être détecté par aucun instrument d'exploration du corps physique ni même psychique, sauf, encore une fois, par les sentiments de décalage que nous vivons. Il est impalpable, mais il est ! Il est notre nature véritable donnée par Dieu. Le Ciel est vraiment au-dedans de nous.

Nous avons pu le découvrir chaque fois que nous avons perçu le meilleur de nous-mêmes, une autre façon de voir les autres, les événements et d'y réagir, une finesse, une légèreté, une confiance intuitive et absolue qui a tranché avec la lourdeur de nos pensées habituelles, de nos émotions exacerbées et de nos réactions disproportionnées.

Nous avons pu en prendre conscience chaque fois que nous avons éprouvé un sentiment d'amour total qui dépasse toute émotion physique, affective, un ruissellement d'amour au-delà de tout, gratuit, spirituel.

La rencontre avec l'Amour absolu

J'ai fait cette rencontre lors de prières, d'effusions de l'Esprit-Saint, mais aussi en prenant mes petites filles dans les bras alors qu'elles étaient tout bébés. Quand je les tenais contre moi, tellement petites, tellement fragiles, je sentais ma poitrine inondée d'un amour si total, si plein qu'il ne pouvait pas venir de moi. Jamais, sans doute, on ne m'avait aimé comme cela. Cet Amour me traversait. Il venait d'une autre Source. En la cherchant, j'ai découvert un endroit, au-dedans de moi, où existent de façon permanente un océan d'Amour, une Paix profonde, une Joie totale, un moral à toute épreuve[1].

Tout cela, je ne l'ai jamais oublié. J'ai cherché à garder, le plus souvent possible, cette dilatation du cœur, à m'en souvenir chaque jour, à ne plus couper le lien qui m'unit à mon être intérieur, à la Présence de Dieu en moi, si belle et forte, mais en même temps si fragile...

Cette rencontre avec l'Amour absolu, je l'ai faite aussi, jeune adulte, lorsque, dans ma recherche amoureuse, et après que je m'étais engagé totalement dans une relation, la personne aimée décida de rompre et de s'en aller. Je ressentis, à ce moment-là, deux niveaux en moi qui se superposaient. Un premier niveau qui, après avoir « tout fait » pour réussir, voulait retenir celle qui partait : un niveau psychologique où je me sentais déchiré, rejeté, abandonné. Et un autre niveau, plus profond, beaucoup plus serein, où je réalisais qu'aimer vraiment était d'accepter la liberté, le choix de la femme aimée, quel qu'en soit le prix pour moi. Cela s'est répété à d'autres occasions et je ressentais de plus en plus la différence entre ces deux niveaux. Émergeait à chaque fois davantage un endroit où

---

1. Mais plus encore à travers la vulnérabilité et l'innocence de ces petits bébés, je découvrais Dieu innocent, Dieu agneau, Dieu qui se fait tout petit en chacun, vulnérable vis-à-vis de nos choix, de nos manques d'amour envers nous-même et envers les autres. Dieu tout petit qui se met au centre de sa création pour la faire évoluer vers le bien. Prenons-nous soin de Lui comme nous prenons soin de nos petits enfants ? Ressentons-nous pour Lui ce que nous ressentons pour eux ? Ils nous conduisent à comprendre le Cœur de Dieu !

je me sentais vraiment en accord avec moi-même, où il n'y avait ni possession, ni domination, ni manipulation, mais acceptation positive, lâcher prise, avec la conscience que, tôt ou tard, cela contribuerait, pour l'un comme pour l'autre, à un plus grand bien.

On ne fait bien que ce que l'on fait régulièrement et depuis longtemps

Être branchés Ciel et terre signifie que nous vivons bien sur terre, incarnés, mais en ayant une conscience quasi permanente de cet endroit profond où se trouve notre source intérieure, notre identité véritable, où Dieu nous habite.

Pour y arriver, il faut nous exercer à revenir consciemment et quotidiennement à cette intériorité lumineuse. Au début, cela peut n'être qu'une ou deux fois dans la journée et brièvement, comme une éclaircie dans un ciel sombre. Puis, progressivement, de plus en plus souvent, de plus en plus longtemps. C'est un exercice, et cela s'apprend ! Il s'agit ici d'un véritable choix profond[1] : être relié à Dieu, avoir le Seigneur comme seul maître, vouloir Lui appartenir vraiment, un choix toujours librement répété. Vouloir vivre le grand Amour en ayant compris que rien ne lui était égal dans tous les sens du terme. Être infiniment reconnaissant pour tous les cadeaux de la vie. Se souvenir qu'on ne peut rien sans

1. *Cf.* Christian Faison, Yves Boulvin, *J'ai choisi de vivre*, *op. cit.*

Lui. Avoir envie de Le faire connaître comme une épouse aimante parle de son époux, mais surtout comme un enfant veut faire aimer son père ou sa mère dont on dit du mal à tort, que l'on accuse injustement ou que l'on ignore délibérément.

Un endroit de sérénité

Ce qui sera la marque de notre connexion profonde, c'est que, par exemple, alors que nous sommes énervés, ou lors d'un conflit, d'une altercation avec un passant qui nous bouscule, d'un coup de Klaxon d'un automobiliste qui nous double avec un geste agressif, ou si nous nous emportons, nous avons en même temps conscience qu'une partie de nous-mêmes reste sereine, ne se sent pas attaquée et nous permet de revenir rapidement à un état de paix et de pardon.

Je m'étais dit, à ce sujet, qu'il fallait que je développe ma capacité de patience lorsqu'il y avait des foules excitées ou bruyantes, des files d'attente aux guichets ou des embouteillages urbains. C'était mon objectif très concret. Or, il y a quelques semaines de cela, je me rendis à la gare d'Avignon pour acheter une série de billets de train. Il y en avait beaucoup, les voyages étaient compliqués à organiser. Cela prit du temps. À la fin de la transaction, l'ordinateur se bloqua alors qu'il avait déjà enregistré mon paiement par carte bancaire, sans avoir délivré les billets. L'employée s'affola. Elle fit venir son supérieur, qui ne sut quoi faire. Elle téléphona à une, puis deux collègues d'un autre centre. Finalement, au bout d'une heure, la solution fut enfin trouvée. Je compris la signification de cet événement : savoir attendre, avoir confiance, rester en paix.

Je me souviens avoir souvent dit, à la radio, que devant une file d'attente trop importante, on a le choix entre s'en aller et revenir un autre jour, ou bien en profiter pour entrer en soi-même, s'intérioriser, trouver le silence dans l'agitation extérieure. Là, je n'avais pas le choix. J'étais « bloqué ». Je ne pouvais pas échapper à la situation comme je l'aurais fait habituellement : il n'y avait donc que le lâcher prise, l'acceptation. En disant « oui » à ce qui était, aux faits tels qu'ils se passaient, je ressentis une joie profonde m'envahir. J'étais de nouveau connecté à mon Ciel intérieur. J'aurai encore et encore à travailler la patience…

Nous saurons que nous avons conscience des différentes parties de nous-mêmes – le paraître (le masque social), le psychologique (la personnalité), l'être (l'enfant de Lumière irrigué par l'Amour divin) – si, lorsque nous sommes tourmentés ou malheureux, nous éprouvons, en même temps, un sentiment intérieur de confiance et de légèreté. Cette double réalité, contradictoire en apparence, nous révèle qu'à tout moment les trois niveaux[1] coexistent en nous. C'est un apprentissage que de nous le rappeler chaque jour, à chaque heure, à chaque instant.

---

1. *Cf.* Yves Boulvin, *Rebondir après l'échec : un chemin psychologique et spirituel*, Éditions Saint-Augustin, 2006, « L'homme tridimensionnel », p. 71-111.

Dans ce monde perturbé, souvent violent, où nous-mêmes cédons aux emportements, à la colère, aux paroles amères, comment nous souvenir quotidiennement que nous sommes des enfants de Dieu, que nous avons une vocation à remplir, que le meilleur de nous existe et n'est que recouvert par nos réactions excessives ?

Qu'est-ce qui, chaque jour, va nous permettre de nous connecter au monde spirituel à travers nos sens intérieurs, comme on se connecte sur Internet, comme on branche la télévision ou on allume la radio ?

Prier avec son cœur

D'abord, évidemment, prier. Il peut s'agir de prières apprises, de la lecture des textes du jour, de la récitation du chapelet… Mais certains le font de façon automatique, plus par obligation ou par peur que par amour. Ce qui décourage d'autres qui, de plus, ont un mauvais souvenir des prières « obligatoires » ou de messes mal vécues dans leur enfance, dans une paroisse, une école privée, voire un séminaire. Face à ce rejet, comment retrouver le vrai sens, le vrai chemin de la prière ?

Certains mystiques (nous le sommes tous au moins un petit peu) commencent un *Notre-Père* ou un *Réjouis-toi Marie* tellement doucement, tellement profondément, avec tout leur cœur, que, dès les premiers mots, ils entrent dans une forme de ravissement et éprouvent une joie spirituelle, une plénitude intérieure. Rien que les mots « notre Père » les plongent dans cet état. Ils sont bien présents, connectés.

Quels mots (bienveillance, pardon, compassion, confiance, etc.), quelles images, quels souvenirs, quelles musiques, quelles sensations produisent en nous une telle intériorisation, nous approfondissent aussitôt ?

Dans la prière du cœur, ce sont des mots simples comme ceux des amoureux pour la personne aimée : « Jésus, je t'aime », « Jésus Seigneur », « Jésus agneau de Dieu », « Jésus-Père bien-aimé », dits, par exemple, sur le rythme de la respiration. Ce peuvent être encore amour, béatitude, plénitude, paix.

Je connais tous les obstacles que l'on rencontre lorsqu'on fait oraison : « Je ne sais pas prier ; je pense à autre chose ; je le fais quelques jours et puis j'arrête ; je doute de mon efficacité… »

Dans la voie de la dévotion, dans le cœur à cœur avec Dieu, chacun peut trouver ses mots, son langage, son moment : le matin, le soir, dans le métro, en voiture, en préparant le repas, en faisant le ménage, tous les actes de la vie peuvent être bénis par Dieu et nous permettre de nous relier. Ce qui compte, c'est l'Amour qui coule entre Lui et nous. Nous pouvons Lui parler à tout instant, tout Lui dire, tout Lui confier, et jamais nous ne nous sentirons seuls. Avec Lui et par Lui, en Lui nous serons en communion avec tous ceux qui nous ont aidés, tous ceux auxquels nous sommes reliés sur la terre, comme au Ciel. Toutes ces présences vont nous habiter en permanence.

Aménager son sanctuaire

Nous pouvons mieux visualiser notre monde intérieur en nous rendant dans un lieu de culte – sanctuaire, église, temple, synagogue, mosquée – ou dans tout autre lieu saint où nous trouvons une architecture, des représentations qui nous parlent, qui résonnent en nous et qui sont des miroirs de notre profondeur.

Nous pouvons ensuite, chez nous, nous remémorer tous ces lieux que nous avons visités, où nous avons prié, où nous nous sommes approfondis, où nous avons été touchés.

Nous pouvons aussi, si notre entourage le permet, aménager un petit sanctuaire, une pièce, un endroit de la maison, de l'appartement, une modeste étagère, où nous disposerons des images, des représentations spirituelles, des icônes, une croix toute simple ou décorée, la Bible, ou tout autre support qui nous aide à penser à Dieu, qui nous rappelle que nous sommes son enfant et qu'Il nous aime. Si nous avons établi ce lieu, si nous l'enrichissons au cours de notre vie, si nous y ajoutons d'autres relais (lampe, mèche, bougie, encens, musique), un sillon de plus en plus profond se creusera en nous. Et dès que nous entrerons dans la pièce, dès que nous passerons devant et même dès que nous la visualiserons, notre cœur se dilatera et nous serons « branchés ».

De ce point de vue, habiter seul n'a pas les inconvénients d'une vie de famille où l'on doit tenir compte des autres, d'un conjoint hostile ou irrité, d'enfants en révolte qui préfèrent leurs « idoles » et ont honte des signes religieux vis-à-vis de leurs camarades, de parents peu ouverts ou vivant leur religion de façon doloriste. Que les célibataires s'en souviennent ! Qu'ils ne cherchent pas d'excuses du type : « Que diront mes voisins, mes collègues, mon frère ou ma sœur si je les invite ? »

Chez moi, c'est chez moi. Et réserver un endroit, une pièce où je me ressource spirituellement est vital. Je ne me pose d'ailleurs pas la même question à propos de la télévision ou de mes photos de famille…

Découvrir notre intériorité à travers nos sens

Tous nos sens peuvent être concernés. Outre les représentations visuelles, nous allons écouter de la musique sacrée, des chants de louange. Et cela pourra s'affiner, s'enrichir au cours des années. Nous allons chanter et danser.

• Nous éveillerons notre odorat en faisant brûler différentes sortes d'encens, en diffusant des huiles essentielles. Nous pourrons aussi respirer ces odeurs de fleurs extraordinaires qui émanent de certaines icônes, de certaines huiles parfumées.

Marie n'a-t-elle pas dit à Benoîte Rencurel lors de l'une de ses apparitions : « Allez au Laus, vous y sentirez de bonnes odeurs » ? Et Le Laus[1] n'est pas le seul lieu, loin

1. Village des Hautes-Alpes, près de Gap.

de là, où l'on peut sentir des odeurs spirituelles inconnues et tellement subtiles.

Je me souviens d'un jour, alors que j'habitais en Ardèche, où une dame est venue me consulter. Elle avait laissé dans sa voiture, à une centaine de mètres de là, des petits cotons imbibés d'une huile sainte qui suintait d'une icône appelée « Marie, porte du Ciel » avec l'intention de m'en offrir après notre rencontre, ce que j'ignorais. Quand elle entra dans mon bureau, je perçus une extraordinaire odeur de fleurs, une odeur merveilleuse. Puis, cette odeur s'évapora d'un seul coup. À la fin de l'entretien, je me permis de lui demander quel était son parfum ou son eau de toilette. Étonnée, elle me dit qu'elle n'en mettait jamais. Elle retourna à sa voiture. Cinq minutes plus tard, elle revint avec une dizaine de cotons imbibés. Je ne sentis plus l'odeur de son « eau de toilette ». Mais, quand elle me quitta, j'ouvris l'un des petits plastiques contenant un coton. Je respirai cette même odeur céleste… Je peux me souvenir régulièrement de ce que j'ai senti (dans tous les sens du terme) à ce moment-là, non pas avec mon odorat physique, mais avec mon odorat spirituel.

• Nous utiliserons aussi le goût. Cela peut être le rappel d'un mets subtil, exquis, raffiné ou d'un mets tout simple mais préparé avec beaucoup d'amour, ou savouré dans un moment de communion humaine, d'intimité heureuse ou d'émerveillement dans la nature. Cela peut être une plante aromatique que nous avons trouvée lors d'une promenade, que nous avons sentie, goûtée, découverte. Cela peut être un fruit cueilli sur un arbre. Comme sont bonnes les premières cerises ou les premières pêches de la saison, surtout quand on vient de régions qui n'en produisent pas ou qu'on en a été privé depuis longtemps ! Nous pouvons nous souvenir de ces émerveillements gustatifs ainsi que d'eucharisties et de saintes cènes : « Prenez et mangez... », « Voyez et goûtez comme le Seigneur est bon... »

• Nous allons ressentir. À chaque fois que nous avons conscience du soleil intérieur qui nous éclaire et nous réchauffe, à chaque fois que nous ressentons l'Amour de Dieu, que nous entendons, avec nos oreilles internes, la voix du Père qui nous habite et nous dit personnellement : « Je t'aime. »

Nous pouvons découvrir Dieu en prenant appui sur toutes les sensations internes les plus exquises que nous avons éprouvées au cours de notre existence. Dans des moments bénis, des moments de grâce, d'ouverture au Divin, mais aussi en transfigurant ce que nous avons senti de plus beau dans nos relations affectives, intimes, fraternelles, amicales. Si nous dépassons les relais momentanés (telle ou telle relation qui a pu ensuite nous décevoir ou s'arrêter), nous découvrirons et ressentirons Celui qui était à la source, nous ressentirons Dieu.

Là où nous demeurons, nous pouvons, et c'est de notre responsabilité, créer une atmosphère céleste où nous allons nous ressourcer. « Je suis content de rentrer chez moi. » À notre niveau, nous avons besoin de relais. Choisissons des objets, des meubles qui nous parlent, qui nous renvoient à notre monastère intérieur.

• Regardons, contemplons et écoutons.

Observons l'architecture des monastères. Comment pouvons-nous nous en inspirer ? Dans un monastère, tout parle de Dieu. Qu'en est-il chez nous ?

Dans mon bureau, à Pont-Saint-Esprit, j'ai installé deux fauteuils où s'assoient les personnes qui viennent me consulter. Par la baie vitrée en face d'elles, elles voient la nature et, au loin, le mont Ventoux. Sur le pan de mur qui est en face de moi, j'ai accroché des représentations de tout mon itinéraire spirituel : des images du Seigneur, de saint François d'Assise, de Marie, des icônes qui me rappellent la sainteté de Dieu. J'ai rapporté la plupart d'entre elles de voyages dans différents lieux saints. À chaque fois que je les regarde, je retrouve les sensations profondes que j'ai éprouvées à Jérusalem, au Sacré-Cœur à Paris, à Notre-Dame-de-la-Garde à Marseille, dans différents monastères. J'ai aussi des représentations que l'on m'a rapportées de pèlerinages à Medjugorje, San Damiano, et cette image venant du Canada où l'on pratique des « agapè thérapies[1] » et où il est inscrit : « Aie confiance, Dieu est ton Père. » On y voit le Christ en Père bien Aimant prenant dans ses bras et embrassant un petit garçon. En face de moi se trouvent aussi plusieurs images de Jésus les bras grands ouverts, de Jésus entouré d'agneaux, de brebis, certaines blanches, d'autres grises, et les mettant tendrement au contact de sa joue. J'aime aussi particulièrement toutes les représentations de la

1. Thérapies par l'Amour de Dieu, alliant cheminements psychologique et spirituel, que l'on peut aussi faire au Puy-en-Velay, sous le nom de « retraite de libération intérieure », à Paray-le-Monial…

Trinité où l'on voit le Père tenant le Christ en croix, les bras grands ouverts, avec la colombe du Saint-Esprit. Il y a peu d'églises où le Père est représenté. Évidemment, Il est en dehors de toutes les représentations et, pour certains, c'est même un blasphème que de le faire. Et pourtant Jésus a dit : « Qui m'a vu a vu le Père » et nous avons besoin de représentations tout en les dépassant[1].

Une religieuse de mes amies, à ma demande, m'a scanné une représentation de la Trinité qui se trouve au fond de la crypte de la basilique de Lisieux, celle de la chapelle du Précieux Sang, que j'ai découverte « par hasard » à Bruges, en Belgique. J'ai mis aussi des cartes postales où figurent une petite main dans une grande, un agneau, un cygne aux ailes déployées où il est écrit « confiance », un champ de coquelicots, différentes fleurs dont des roses et des lys…

À Paris, c'est la croix de saint François d'Assise, d'autres icônes ou images qui ornent les murs que j'ai sous les yeux lorsque je consulte. J'ai installé ces icônes qui ont chacune un fond doré. Quand j'entre dans mon petit appartement, après un voyage parfois fatigant, elles m'accueillent. J'allume un halogène qui fait resplendir l'or de ces icônes. Elles n'ont pas une grande valeur matérielle, mais elles sont chères à mon cœur par ce qu'elles reflètent de la Gloire et de la Sainteté de Dieu.

Ainsi, toute la journée et dix à douze heures par jour, je suis en présence de toutes ces représentations (et elles sont toujours là quand je dors la nuit). Ceci me permet

1. Ainsi, la *Trinité* de Roublev est figurée par trois hommes jeunes. Certains craindront qu'on y voie trois dieux. À quand les Trinités où la partie féminine de Dieu sera mieux représentée ?

d'être ressourcé intérieurement, de sentir l'Amour de Dieu. Je bois tous les jours, des heures durant, à cette Source depuis des années. Et cela finit par m'habiter tout le temps. Si je me sens fatigué, entre deux consultations j'écoute un chant de louanges, le *Pie Jesu*, ou une musique dont je sais qu'elle m'ouvre le cœur.

La connexion, si nécessaire, se fait immédiatement quand j'entre dans mon petit sanctuaire[1].

Notre être profond se révèle peu à peu

Quand nous vivons ainsi, branchés Ciel et terre, tout devient simple et le changement se réalise : notre être profond se révèle peu à peu et notre mission devient de plus en plus évidente.

C'est un choix, parce que nous aurons compris que, comme les arbres, nous sommes entre le Ciel et la terre : nos racines profondes vont puiser dans la terre l'énergie qui se transforme en sève, puis monte dans le tronc pour irriguer les branches qui s'élancent et s'écartent vers le ciel pour ensuite porter des fruits. En ouvrant nos sens au monde spirituel, en étant ancrés chaque jour dans notre Ciel intérieur, nous œuvrerons beaucoup mieux sur la terre et serons plus heureux.

Quand nous marchons, nous promenons, nous avons bien les pieds sur terre, mais nous sommes déjà dans le

1. D'autant que les murs d'un endroit où l'on a beaucoup prié, médité, adoré, sont comme imprégnés d'Amour divin et le renvoient à tous ceux qui y entrent.

Ciel. En effet, celui-ci imprègne la terre et ne se trouve pas qu'« en haut ».

L'habitude de nous ancrer dans notre profondeur nous met en présence de Dieu, de la Trinité qui est en nous, comme l'écrivait Élisabeth de la Trinité. Nous sommes incarnés, mais nous sommes également temples du Royaume. Nous vivons notre dimension divine : « Dieu créa l'homme à son image, à l'image de Dieu il le créa, homme et femme il les créa » (Genèse 1, 27).

L'habitude de nous ancrer dans notre profondeur nous met aussi en contact avec tout le monde spirituel, les saints, les personnes de notre famille ou nos amis qui nous ont précédés dans le Royaume de Dieu. Ni superstition ni folklore que ce lien, bien plus fort que la mort, qui nous unit à nos frères et sœurs qui sont déjà dans l'éternité ou progressent vers Dieu. Nous pouvons les sentir, les visualiser avec nos sens internes.

L'union spirituelle du Ciel et de la terre est source de grâces. Ces frères et sœurs sont vivants. Ils continuent d'œuvrer pour le monde et pour nous. Ils viennent demander pardon pour leurs erreurs, les blessures dont ils ont pu être les auteurs et dont les conséquences les font souffrir dans leur nouvel état où ils se nettoient de tout ce qui n'est pas amour[1]. Ils nous aident aussi à nous libérer de nos lourdeurs.

---

1. En étant en présence de Dieu au moment de la mort, on est inondé de son Amour et l'on mesure en même temps la distance qu'il reste à franchir pour y entrer totalement. Pour prendre une image, si Jésus est comme au sommet de l'Everest et vient vers nous, nous avons à apprendre petit à petit à nous acclimater, nous qui ne sommes qu'à 1 000 ou 2 000 mètres,

Ne plus avoir peur de la solitude

Nous avons à progresser vers l'autonomie, la découverte de notre originalité, de notre spécificité, tout en étant reliés. Nous ne sommes, en fait, jamais seuls. Si nous le savions, nous aurions beaucoup moins peur de la solitude qui ne nous apparaîtrait plus comme un grand vide, un gouffre béant, mais au contraire comme une nécessité, au moins à certains moments, pour nous ressourcer et nous relier à tous.

• Nous relier extérieurement, et c'est ce que nous faisons plus ou moins bien en téléphonant, en envoyant des mails, en nous connectant sur Internet, en chattant ou en

---

à une façon de respirer de plus en plus pure et subtile. Et pour cela, pour pouvoir « monter » comme on gravit une montagne, nous nous débarrassons de nos habitudes et attachements trop lourds, de nos possessions, de nos dominations... Entre autres, nous venons demander pardon pour nous libérer et libérer nos descendants. Témoin cette femme à qui son père avait fait promettre sur son lit de mort de publier les écrits qu'il avait consignés dans de petits cahiers tout au long de sa vie. Après la mort de son père, elle se rend compte qu'il n'y a eu de cesse que de la critiquer et la dévaloriser malgré son dévouement. Elle a donc un cas de conscience. À ce moment-là, elle ouvre mon livre *Choisis la vie* (*op. cit.*) « au hasard ». Elle tombe sur la seule page (366) qui traite de ce sujet et est intitulée « Libère-toi de ce que j'ai pu te transmettre » (p. 158). Il y est question d'un père qui, dans l'« au-delà », demande pardon à ses enfants et les invite à se départir de ce qu'il leur a transmis d'erroné et qui le fait souffrir maintenant. Elle comprend le message et ne fait publier que certains passages des écrits de son père...

allant sur des sites de rencontres. Nous relier extérieurement en ayant des amis, en invitant, en faisant partie d'une fraternité, de groupes ayant les mêmes centres d'intérêts, en nous rapprochant de lieux d'accueil, de communautés…

• Nous relier intérieurement en vivant en présence de tous ceux que nous avons aimés, dont nous nous sommes sentis aimés et qui nous ont précédés dans le Royaume.

Nous relier intérieurement par la *reconnaissance* que nous aurons vis-à-vis de tous ceux grâce à qui notre pays est en paix, grâce à qui nous profitons d'un certain confort, qui ont amélioré nos conditions de vie, qui ont édifié les villes et les villages dans lesquels nous vivons – architectes, artistes, découvreurs, constructeurs de cathédrales, physiciens, chimistes, chercheurs, médecins, législateurs, etc. –, qui, chacun à leur manière, ont apporté leurs connaissances, leurs techniques, leur imagination, leur créativité… Et certains ont donné leur argent, leur cœur, leur vie pour tout cela. Quand nous voyons le Sacré-Cœur à Paris ou la basilique de Lisieux, nous pouvons les trouver plus ou moins à notre goût. Mais avons-nous pensé aux conditions de vie de tous ceux qui ont contribué à les construire de près ou de loin ? Certains sont morts en les édifiant, d'autres ont donné tout leur temps. Y réfléchissons-nous ? Les remercions-nous ?

D'autres ont milité pour l'égalité, la fraternité, ont combattu pour le respect de la vie. Pensons-nous à tous ceux qui ont donné leur vie lors des guerres qui, entre autres, ont opposé de bons pères de famille des deux côtés, victimes parfois de dirigeants ivres de pouvoir et de désirs de revanche ? Dans le film *Joyeux Noël*[1], on peut apercevoir un tout petit peu l'horreur des tranchées lors de la Première Guerre mondiale où tous les sens physiques étaient affreusement meurtris. Imaginons-nous ce qu'ils ont vu, entendu, ressenti, pataugeant dans l'eau, la boue, les excréments, avec les rats, au milieu des explosions incessantes faisant tant de morts et de blessés, dans un environnement lunaire où toute la nature avait été détruite par les obus ? Et si jamais, dans cette guerre de tranchées absurde, certains voulaient, momentanément au moins, pactiser pour fêter Noël, leurs commandements les déportaient ensuite sur des fronts plus exposés ou les fusillaient.

Nous souvenons-nous de tous ceux qui ont œuvré, parfois à la limite de leurs forces, pour que la médecine et les soins progressent, que les terribles épidémies s'arrêtent, que notre existence soit plus longue et plus saine ?

Nous sommes aujourd'hui les bénéficiaires de tout cela. En avons-nous vraiment conscience ?

Nous sommes reliés à une multitude

Nous sommes aussi reliés à tous ceux grâce à qui, aujourd'hui, nous utilisons les objets qui nous entourent : réfrigérateur, cuisinière, nourriture, cahiers, stylos, vêtements, vaisselle, linge, tapis, téléphones, ordina-

1. Réalisé par Christian Carion, 2005.

teurs, mais aussi voitures, trains, avions, etc. ; grâce à qui nous mangeons, nous roulons, etc. Chaque geste de notre vie quotidienne est rendu possible grâce à des dizaines de milliers de personnes, parfois même beaucoup plus, qui ont conçu, fabriqué, travaillé, commercialisé, transporté, distribué. Grâce à elles, nous pouvons nous nourrir, nous habiller, avoir chaud, communiquer, nous déplacer… Y pensons-nous ? Un crayon, un simple crayon a demandé le travail de tant de gens ! En avons-nous conscience ?

Nous pouvons ainsi nous relier consciemment et à chaque instant à une multitude. Nous vivrions d'ailleurs mieux notre vie quotidienne si nous exécutions chaque acte en communion avec tous ceux qui, au même moment, font la même chose ou aimeraient pouvoir le faire : ceux qui marchent pour aller au travail aux mêmes heures que nous, ou sur les chemins de Compostelle ; mais aussi ceux qui ne peuvent pas marcher parce qu'ils sont en prison en France, en Europe, sur d'autres continents, parce qu'ils sont malades, parce qu'ils sont en situation de handicap ; ceux qui font des gestes identiques, qui nettoient leur maison, qui enlèvent les mauvaises herbes dans leur jardin, qui vont chercher leurs enfants à la sortie de l'école, qui se rendent au spectacle, qui prient, qui envoient des lettres…

Quelle autre vision de la vie aurions-nous si nous vivions ainsi ! Tout prendrait un sens : le passé, le présent mais aussi l'avenir que nous préparerions pour les autres, nos enfants, nos descendants.

Au lieu de rouspéter, de ruminer, de nous intoxiquer, de voir la vie en noir, nous serions vraiment reliés et nous comprendrions, à notre tour, le sens de l'offrande pour autrui. Tout deviendrait important. Ce que je fais, je ne le fais pas seulement pour moi, mais aussi pour vous et avec vous. Cela donne du sens à mes efforts, mes difficultés, à ce que je traverse et, qui plus est, me donne une expérience, un savoir-faire dont je pourrai faire profiter autrui. Tout, tout sans exception peut être retourné, prendre un sens positif et être offert.

Ainsi, peu à peu, l'individualisme s'effrite. Nous ne sommes plus le centre de tout. Nous devenons plus vrais, plus autonomes, mais aussi plus reliés, car nous avons bien conscience d'avoir besoin les uns des autres. Nous sommes interdépendants. Une vision panoramique, d'une extraordinaire fécondité, se développe en dehors de notre propre espace-temps. Et nous ne nous sentons plus jamais seuls.

Vivre à chaque instant relié, c'est trouver notre originalité, la place qui est la nôtre, notre propre pièce dans le grand puzzle du monde et nous y sentir bien en sachant ce que nous nous devons les uns aux autres.

Donner un sens à tous nos actes sans exception

Si nous vivons reliés, tout prend sens. Quand nous passons l'aspirateur, nous pouvons maugréer et estimer que c'est une corvée. Nous pouvons nous contenter de nettoyer notre appartement, le rendre propre et accueillant, ce qui est déjà bien. Mais nous pouvons aussi donner à ce simple geste une tout autre signification, une tout autre richesse en pensant : « Seigneur, tu aspires tout ce qui me gêne intérieurement, tu aspires toutes nos saletés, celles de ma famille, de mon hérédité et, plus largement, celles du monde… » Dieu est le grand aspirateur à qui nous pouvons donner toutes nos poussières, nos scories.

Mettons dans la grande cheminée divine toutes les bûches de nos essais, et aussi nos embûches, là où nous trébuchons, nos ratages, nos échecs, ce que nous n'avons pas compris, l'accueil dont nous avions besoin et que nous n'avons pas reçu, nos colères, nos frustrations, nos rancœurs, nos ressentiments, nos ruminations. Tout cela, offert, contribuera à un grand feu pour le monde qui en réchauffera plus d'un sans que nous le sachions. Nous le découvrirons plus tard… Thérèse de l'Enfant-Jésus voulait passer son Ciel « à faire du bien sur la terre », à y faire descendre une « pluie de roses », ce qu'elle a réalisé, ainsi que bien d'autres saints connus ou inconnus. À notre petit niveau incarné, nous pouvons les imiter en cela et passer, à notre tour, notre terre en y mettant un peu de Ciel.

Déposons aussi tout ce qui va bien, notre bonne santé, nos joies, la naissance de nos enfants, l'amour que nous donnons aux autres et que nous recevons, le travail qui nous convient et dans lequel nous nous sentons nous-mêmes, nos amitiés partagées. Tout cela, nous allons l'offrir à Dieu, le déposer dans le grand Feu divin qui transforme tout en bien, par désir de fécondité, de fraternité et, encore une fois, pour éclairer, pour réchauffer.

Les cadeaux de la journée

Par ailleurs, si nous avons du mal à nous lever le matin, nous pouvons penser à tous les cadeaux que nous allons recevoir ou que nous allons faire et nous donner des objectifs positifs pour la journée.

Le directeur d'un grand journal déclarait que, s'il est de mauvaise humeur le matin, si sa journée s'avère particulièrement difficile, il a appris à penser à la soupe qu'il mangera le soir, à la page du livre qu'il lira avant de s'endormir, à l'émission sans prétention qu'il regardera pour se détendre. Il ajoutait qu'au cours de la journée il avait aussi, dans son cœur, la mémoire des moments heureux de sa vie et ce qu'il devait aux personnes qu'il aimait.

Pensons aussi à tous ceux qui vivent beaucoup plus difficilement que nous et écoutons le « Lève-toi[1] » que nous souffle le Seigneur avec amour. En nous reliant à tous ceux qui peinent à se lever, en offrant notre propre difficulté, nous les aidons par un effet de vases communicants. Ce n'est pas de la pensée magique. Nous n'agissons pas sur la matière – nous en serions bien incapables. Pas plus que nous n'avons la capacité de tordre les

1. Radio Notre-Dame a appelé ma chronique de deux minutes, qui est diffusée plusieurs fois chaque matin, « Le psy vous réveille » (sans doute dans tous les sens du terme).

petites cuillères comme Uri Geller prétendait le faire par la force mentale, nous n'avons la faculté de créer le moindre brin d'herbe. Nous sommes simplement appelés à comprendre que notre journée peut servir à répandre des « pluies de roses » aux autres. Aucune goutte de souffrance offerte, aucune prière ne reste sans effet. Ce n'est pas toujours celui que nous escomptions. Nous avons peut-être prié en vain pour la guérison d'une personne atteinte d'un cancer. Mais nous ne voyons pas toute l'aide que notre prière lui a apportée, la pacification intérieure au moment de sa mort, sans parler de ce qui s'est passé après...

Quel plus beau cadeau que de prier pour quelqu'un ! Merci à toutes les religieuses, à tous les prêtres, les moines qui prient pour nous et qui nous aident à surmonter nos souffrances, nos blessures, notre solitude, nos difficultés, et qui ainsi mettent un baume bienfaisant, de la part de Dieu, sur les plaies de notre vie. Merci à tous ceux qui ont prié pour moi et m'ont aidé à avoir les idées claires, l'énergie nécessaire lors de mes conférences répétées, ou à trouver la force, la motivation et l'inspiration pour écrire mes livres.

L'aigle en nous – qui symbolise saint Jean ou parfois Jésus dans l'Écriture, ou des « petites âmes » comme la petite Thérèse qui se disait elle-même « aiglon » du Seigneur – mène à la connaissance intuitive de Dieu. La tortue en nous reste « branchée » sur le concret. Soyons à la fois aigle et tortue. Unifions intérieurement ces deux animaux. Comme cet oiseau majestueux qui plane dans les airs, ayons une vue panoramique. Comme la tortue qui progresse pas à pas, hâtons-nous lentement, ayons une vision concrète et réaliste, avançons courageusement et à petits pas.

Restons branchés Ciel et terre. Nous avons bien conscience, maintenant, des conséquences des phrases poison que nous nous répétions à longueur de temps : « Je suis au fond du trou ; je ne me relèverai pas ; je n'y arriverai jamais... » Nous savons l'effet nocif qu'elles ont eu sur notre santé psychique et physique et tout le mal qu'elles ont pu nous faire parce que, sans nous en rendre compte, nous les prenions pour vraies et y adhérions. Nous y veillerons à partir de cet instant. Nous ne nous empoisonnerons plus !

Gravons d'autres sillons sur notre CD intérieur à partir du jaillissement de Vie, de la Lumière émanant de notre sanctuaire profond. Nous aurons l'intuition d'un autre niveau, d'une autre dimension. Nous comprendrons qu'en nous résident le Beau, le Vrai, l'Amour de Dieu. Et nous saisirons qu'à ce niveau-là le mal ne peut pas exister. Apprenons à franchir la couche de nuages qui voile le bleu infini du Ciel... Ainsi nous entamerons le changement et nous irons mieux.

4

Je vis autrement les deuils

Connaissant mieux notre être intérieur, nous ne voulons plus rompre le lien qui nous unit à lui. Nous sommes à son écoute. Nous accordons l'instrument dont nous avons à jouer. Nous nous mettons à son diapason. Nous découvrons de plus en plus notre enfant de Lumière, la présence de Dieu en nous. Grâce à cela, et pour être en accord profond avec nous-mêmes, nous nous dépouillons progressivement de nos carcans, nous nous dépolluons de nos encombrements, des effets négatifs de nos habitudes nocives, de nos fausses constructions et de toutes les phrases poison auxquelles nous avons adhéré malgré nous.

Vivre autrement les grands changements

Il nous reste à découvrir, grâce à tout ce cheminement intérieur, une autre façon de concevoir et de vivre les grands changements de notre existence : non seulement les changements de trajectoire professionnelle, voire familiale et conjugale, mais aussi les ruptures de toutes sortes, l'éloignement des êtres chers, leur décès et surtout notre propre mort.

« Je vais parler à papou », dit Violette sur la tombe de son grand-père décédé depuis une dizaine de mois. Cette petite fille de 4 ans appréhende la mort avec son cœur d'enfant. Ses parents et sa grand-mère pensent qu'elle ne se rend pas bien compte de la situation. Violette sait pourtant très bien qu'elle ne verra plus jamais, avec ses yeux de chair, son « papou » qui l'aimait tellement et qu'elle aimait tout autant. Mais elle n'a pas rompu les liens qui l'unissaient à lui : ni le lien d'amour ni la possibilité de communiquer avec lui. Elle dit qu'elle va le voir maintenant avec ses « yeux du Ciel » et qu'elle lui parlera « dans son cœur ». Elle sait qu'il est présent : « Heureux ceux qui ont une âme de pauvre » (Matthieu 5, 3) ; « Redevenez comme des petits enfants » (Matthieu 18, 3 ; 19, 14[1]).

Beaucoup d'adultes, à l'inverse de Violette, envisagent la mort comme une séparation définitive et coupent d'eux-mêmes le lien avec l'être cher « disparu » : « Tout est fini ; jamais plus nous ne... » ; « Il faut être réaliste » ; « Personne n'en est jamais revenu », etc.

Et s'ils étaient enfermés dans de fausses croyances ? Et s'ils avaient perdu cette faculté d'intuition qui perçoit et sait, au-delà des apparences, sans avoir besoin de multiples preuves ?

1. « Je te loue, Père, Seigneur du ciel et de la terre, d'avoir caché cela aux intelligents et aux sages et de l'avoir révélé aux enfants » (Matthieu 11, 25).

Et si notre intériorité profonde où Dieu nous habite était un peu à l'image de cette enfant ? Violette a-t-elle trop d'imagination ? Refuse-t-elle la réalité ou a-t-elle l'intuition d'un autre plan de vie ? Pourrions-nous nous mettre à son école ?

Jadis, lorsqu'on perdait quelqu'un, on portait le deuil plusieurs mois, plusieurs années ou toute la vie pour exprimer sa douleur. On s'habillait de noir, on était une « veuve inconsolable ». Quelques générations plus tard, on portait un brassard, un signe extérieur manifestant son état. Aujourd'hui, les signes sont plus discrets. Les ethnologues nous parlent des différentes façons d'enterrer les morts suivant les époques, les civilisations. Chez certains peuples, on joue de la musique, on chante, on danse. Alors ? Quelle est la part de la souffrance véritable qui doit être reconnue et accueillie, et celle des habitudes et des conditionnements de la société à laquelle on appartient ? Peut-on être vrai avec soi-même et avec les sentiments contradictoires qui nous habitent ? Et notre intuition profonde, dans tout cela, quelle est-elle ?

Transformer notre vision de la mort

Si notre être physique craint la déchéance, la maladie, les souffrances parfois horribles qu'elles engendrent et la mort elle-même, notre être profond, lui, a soif de s'envoler vers la béatitude.

Nous pouvons nous préparer à aborder notre propre mort en visionnant la vie éternelle comme un agrandissement, un accroissement, l'épanouissement de nos dons, la réalisation de nos désirs les plus intimes et les plus beaux, allant de découverte en découverte.

Nous pouvons nous préparer aussi en donnant du sens à nos souffrances avant la mort si jamais elles ont lieu. Et cela, c'est l'apprentissage progressif de toute une vie : comprendre la fécondité de l'offrande positive.

Si nous avons déjà appris, quand nous disons « notre Père », à entrer en communion profonde avec Lui, à être inondés d'Amour, parce que dans « notre Père » nous ressentons tout l'amour céleste pour nous et pour les autres (et non pas les difficultés que nous aurions eues avec un père autoritaire, distant, ou avec d'autres frères et sœurs…), nous savons que Dieu en lui-même ne veut ni la souffrance ni la maladie ni la mort. Nous avons compris que Dieu, au contraire, est présent dans nos souffrances, s'y implique pour nous aider à mieux les vivre et à leur donner du sens, à les transfigurer[1].

Si nous avons appris à offrir notre vie quotidienne : nos joies, nos réussites, nos échecs, nos difficultés, nos épreuves… alors, quand viendra l'heure de quitter cette terre, nous pourrons nous dépouiller comme les arbres en automne qui perdent leurs feuilles et donnent tous leurs feux, revêtent leurs plus belles couleurs. Et nous verrons cela comme une offrande pour les autres : ce dont je me défais, je le donne à Dieu pour autrui.

En acceptant le dépouillement de la vieillesse, la dépendance et toutes les fragilités de cette saison de la vie, nous

1. C'est pour cela aussi que Jésus a vécu la Croix et nous a rejoints dans toutes nos soifs – « J'ai soif » (Jean 19, 28) – et dans notre sentiment d'abandon – « Père, pourquoi m'as-tu abandonné ? » (Matthieu 27, 46).

nous préparons à l'enciellement d'autant plus qu'ainsi nous nous purifions intérieurement, nous nous allégeons. Nous serons étonnés et ravis, un jour, d'entendre le « merci » de tous ceux, connus et inconnus, pour qui nous avons prié et offert !

Quand nous perdons un être cher, nous sommes envahis par la souffrance, et cela d'autant plus que le deuil est subit, imprévu, que la personne est jeune et/ou qu'elle était importante pour nous. Mais parfois, nous vivons une souffrance exagérée alors que nous nous y attendions et que la personne était âgée. Nous étions très impliqués dans la relation, nous avons beaucoup donné, beaucoup veillé jusqu'à la fin. Nous avons tissé des liens forts, parfois trop forts, fusionnels, et nous redoutons la solitude[1] affective que nous allons vivre.

Au moment de la mort d'un proche, nous sommes déchirés. Notre cœur éclate et nous avons envie de crier, de verser des larmes profondes. Nous sommes désorientés, comme « amputés ». Nous vivons cruellement le manque de l'autre, manque physique de l'enfant, du conjoint, du parent, de l'ami(e) fidèle qui « était toujours là » : « Ce n'est pas vrai ; ce n'est pas possible… »

À côté de la terrible souffrance qui nous étreint au moment de la séparation, de la résignation morbide, de la dépression – « Ce n'est pas juste ; pourquoi, mais pourquoi ? » –, de la culpabilité devant un suicide – « J'aurais dû… ; si j'avais… » –, à côté des larmes, si nous sommes

1. *Cf.* Yves Boulvin, *Réussir sa vie affective*, *op. cit.*, « La solitude habitée et en communion », p. 125 et s.

vrais, si nous avons ouvert notre être profond, nous nous apercevrons que réside en nous, à un autre niveau, un sentiment de paix, d'acceptation, de sérénité. Nous l'aurons développé en restant « branchés » Ciel et terre, grâce à nos relais, notre sanctuaire installé dans notre maison, appartement ou bureau, qui nous rappellent chaque jour que le Seigneur nous aime, est présent et, avec Lui, tous nos bien-aimés « enciellés » ou en voie d'« enciellement », tous ceux qui, comme le disent les orthodoxes, sont « nés au Ciel ».

J'ai accompagné un grand nombre de parents qui ont perdu un enfant, mort de façon brutale, inattendue, accidentelle, une mort dont la soudaineté, l'imprévisibilité et ce qui l'a causée – une imprudence ou la violence d'autrui – paraît tout à fait injuste et inacceptable. Les sentiments et réactions, face à un tel événement, sont extrêmement mélangés : douleur, tristesse, colère, ressentiment, soif de vengeance… Cela est plus que compréhensible, et pourtant…

Un jeune homme, au volant de sa voiture, prit un virage à cent quarante kilomètres-heure, provoquant un terrible accident. Sa fiancée, assise à l'avant de la voiture, fut tuée sur le coup. Lui fut seulement blessé ainsi que les deux passagers à l'arrière. Il porta évidemment le poids d'une énorme culpabilité. Les familles habitaient le même village. Les parents de la fiancée eurent beaucoup de chagrin. Mais, petit à petit, ils parvinrent à éprouver un sentiment de compassion pour le garçon qu'ils aimaient beaucoup. La mère du jeune homme n'osait plus croiser les parents de la jeune fille parce qu'elle se sentait honteuse. Ce sont eux qui vinrent lui rendre visite en signe de réconciliation. Car, lorsqu'ils allaient au cimetière devant la tombe et la photo de leur fille chérie, ils entendaient dans leur cœur : « Pardonnez-lui. Il n'en a pas eu l'intention[1]. Je suis heureuse maintenant. » Les deux passagers à l'arrière de la voiture, dont les blessures étaient légères, n'ont eu de cesse que de se venger par tous les moyens du jeune conducteur…

Que dire des parents dont l'enfant a été violé, torturé ou assassiné ? C'est l'horreur absolue. Que faire de cette rancœur, de cette haine qui monte en nous devant de tels drames ? Réclamer la justice est souvent une faible consolation. De plus, si nous gardons en nous de tels sentiments, ils risquent de brouiller toute notre vision du monde. La haine entretenue nous dévore. Elle se nourrit de nous et occupe toutes nos pensées. Elle nous ferme la perception du Ciel. Pour réduire progressivement le ressentiment légitime que nous pouvons éprouver, pour ne pas nourrir de pensées obsessionnelles contre le responsable de la mort de celui ou celle que nous aimions, tout en laissant agir la justice humaine, remettons-nous-en à la Miséricorde divine. Si nous sommes certains que l'être aimé est dans les bras de Dieu, comme nous le serons nous-mêmes, si nous sommes convaincus que la souffrance qu'il a subie lui a ouvert les portes du Ciel, certes notre douleur sera immense, une blessure à vif, mais une sorte de baume adoucira la brûlure de nos plaies. Et nous sentirons mieux la présence de notre enfant, heureux dans son éternité, qui nous invite à pardonner. Non pas un pardon par devoir, mais un pardon qui libère. Bien sûr, la conscience de tout cela va être longtemps embuée par la peine, la colère et la

1. Écho à la parole de Jésus sur la Croix : « Père, pardonne-leur, ils ne savent pas ce qu'ils font » (Luc 23, 34).

rancœur. Mais, en filigrane, au meilleur de nous-mêmes, plus en profondeur, nous pourrons percevoir qu'il y a une autre façon d'appréhender les choses et d'y réagir.

Les réactions face à la mort

Elles sont multiples, contrastées, changeantes. Soyons vrais avec les sentiments contradictoires qui nous habitent. Les psychologues parlent des étapes du deuil : déni ou refus, colère et révolte, marchandage, tristesse et dépression, et enfin, acceptation. Ces étapes peuvent prendre plusieurs années. Et il est tout à fait compréhensible qu'il faille trois, quatre ans, parfois beaucoup plus, pour accepter totalement le deuil et l'intégrer vraiment. Mais ces cinq étapes peuvent être aussi vécues, en même temps, à différents niveaux de profondeur. On peut vivre à la fois une grande tristesse, une révolte, une colère, une incompréhension et une vraie paix intérieure, comme si, tout au fond de soi, on savait, on comprenait autrement. La vérité est d'accepter ces différents niveaux : les habitudes sociales d'un côté, le psychisme complexe de l'autre, et enfin l'être intérieur libéré. Ou, dit autrement :

– l'endroit extérieur (la poupée russe externe) où l'on réagit comme « il faut » réagir ;

– l'endroit psychique (les poupées russes intermédiaires), beaucoup plus compliqué et partagé, où se vivent les émotions fondamentales : tristesse, colère, peur, mais aussi, si l'on accepte de le voir, dans certains cas, un certain soulagement, voire un soulagement certain : « Cela a trop duré... », « Je me sens libéré(e)... » ;

– l'endroit profond (la petite poupée centrale) où l'on peut aussi être serein vis-à-vis de celui qui « part » : « Il est libéré », « Il va vers la Lumière », « Il n'en pouvait plus », « Il ne souffre plus », « Il n'a pas été entaché par l'existence, il est auprès du Seigneur, notre petit enfant nous fera tous monter vers Dieu, c'est un premier de cordée » ; l'endroit où l'on sent une paix profonde, immuable, où l'on a un sentiment de confiance, où l'on vit la communion.

Tous ces niveaux s'enchevêtrent, mais ils existent. Les avons-nous reconnus ?

Violette ne sait pas qu'elle « devrait » être triste. Trop petite, elle n'est pas prisonnière de l'éducation, elle n'a pas appris le comportement à avoir face à la mort. Elle ne craint ni le jugement ni le regard des autres. Elle est vraie. Elle est « branchée » sur son être profond ; elle est avec son papou. Elle sait qu'il est bien présent (beaucoup de grands-parents, qui n'avaient pas en charge directement l'éducation de leurs petits-enfants et qui, ainsi, ont pu vivre avec eux un amour plus inconditionnel, protègent ceux-ci après leur mort).

Ils sont présents

Quand nous pensons à ceux qui se sont « enciellés », est-ce nous qui pensons à eux ou bien est-ce que ce sont eux qui nous font sentir leur présence ?

Bouleversés, ballottés dans un mélange de tristesse profonde, de dépression, d'agressivité contre celui ou contre celle qui nous a quittés, captifs des clichés et des a priori sur ce que nous allons vivre au moment du deuil, pleins de rancœur et de regrets, nous sentant coupables et cherchant des coupables (les médecins, l'hôpital, Dieu, nos proches…), nous nous enfermons malgré nous et risquons de nous couper du monde spirituel.

Je me souviens de l'enterrement de Nathalie, la trentaine, mère de trois enfants, décédée d'un cancer. Nous étions nombreux à avoir prié pour elle. Dans l'assemblée, tout le monde pleurait. Leurs larmes exprimaient un mélange de chagrin et de doute : « Pourquoi ? Elle était trop jeune ; que vont devenir ceux qui restent ?… » Et même le prêtre exprimait son désarroi : « Nous avons pourtant tant prié pour sa guérison… » Seuls le mari et les enfants paraissaient sereins. Si les prières n'avaient pas mené à la rémission de la maladie, elles avaient aidé à l'« enciellement » de Nathalie et elles permettaient à toute sa famille de ressentir cette paix céleste. Et même si, plus tard, son mari et ses enfants ont dû passer par toutes sortes d'étapes et de sentiments contradictoires qui les ont amenés à se faire aider psychologiquement et, pour certains, spirituellement, une vraie paix les a habités sur le moment, fruit de la prière et de la présence vivante de Nathalie. Au-delà de leur souffrance, ont-ils su la garder par la suite ?

Les savoir vivants

Le plus beau cadeau que nous pouvons faire à nos bien-aimés « enciellés » ou en évolution vers Dieu est de les savoir vivants, de les aimer, de prier pour eux (au cas hypothétique où ils n'en auraient pas vraiment besoin, cela au moins profiterait à d'autres), de leur dire ce que nous n'avons pu leur exprimer, d'entendre leur demande de pardon et de leur pardonner à notre tour. Il n'est jamais trop tard ! Ce que nous n'avons pu faire avant leur mort, nous pouvons le faire maintenant. C'est la merveille de ce que l'on appelle la communion des saints. Dieu est le grand « réparateur ». Même dans le cas d'avortements, qui souvent laissent beaucoup de traces, on peut donner un nom à l'enfant qui continue de vivre et de grandir dans un autre plan de vie. Et pour tous les parents qui ont perdu douloureusement un bébé lors d'une fausse couche ou dans les premiers mois de la vie, entendons sans a priori le témoignage de ceux qui sont « morts cliniquement », au cours d'une intervention chirurgicale, par exemple, et sont revenus à la vie. Ils racontent qu'ils se sont vus en dehors de leur corps physique, qu'ils ont entendu ce qui se passait dans la salle d'opération et que, pendant qu'ils se dirigeaient vers cette Lumière céleste qui les attirait, sont venus vers eux un beau jeune homme, une belle jeune fille dans lesquels ils ont aussitôt reconnu leur enfant mort en bas âge…

« Est-ce normal que je ressente cette paix ? Est-ce normal que je vive le deuil comme cela ? » me demandait Jeanne que j'ai accompagnée plusieurs années après le suicide de son mari. Inquiète, elle se sentait en décalage par rapport à la façon habituelle d'appréhender le deuil.

Père de famille nombreuse, Jérôme, son mari, a toujours fait beaucoup de bien autour de lui. Habité par une foi profonde, il œuvra sans relâche dans sa paroisse. Il écrivit de nombreux articles dans des hebdomadaires chrétiens, en plus de son travail. Il s'est beaucoup surmené et un jour, il a craqué. On lui a proposé une hospitalisation pour lui permettre de se reposer et de prendre du recul. Mais il a refusé, voulant faire face à ses « obligations ». Finalement, n'en pouvant plus, il a fui. Il a disparu pendant plusieurs jours. Sa femme et ses enfants l'ont cherché partout en vain. Ils ont fait paraître une annonce dans un journal pour le retrouver. Ils se sont rendus dans tous les lieux où il avait coutume d'aller, souvent juste une heure ou deux après qu'il y était passé. Finalement, Jérôme s'est réfugié près d'un lac, dans la forêt avoisinante, et il s'est pendu. C'est là qu'on a découvert son corps.

Jérôme était fragilisé par une hérédité dépressive, par un père, un frère qui l'avaient souvent dévalorisé, par certains problèmes de couple, par des difficultés à accepter ses responsabilités familiales, et surtout par une surcharge de travail. Il n'a plus perçu la fécondité de sa vie professionnelle, ni l'affection de ceux qui le soutenaient, ni l'Amour de Dieu. Il a eu cet aveuglement intérieur qui ne laisse entrevoir que la souffrance. Il s'est enfoncé dans le désespoir qui conduit au gouffre. Le combat spirituel, la tentation qu'il a vécus à ce moment-là ont été en proportion du bien qu'il avait fait, de son état d'épuisement physique et de son éloignement, les derniers temps, des ressourcements spirituels qui le soutenaient jusque-là. Il s'est vu comme un poids pour les autres. Il a voulu les soulager en les « libérant » de lui.

Le Seigneur a certainement reçu Jérôme avec beaucoup d'Amour. Ce dernier a évidemment dû regretter amèrement son acte lorsqu'il a pris conscience de toutes les conséquences pour ses proches et ses descendants, conséquences qu'il n'avait pu percevoir dans sa tourmente intérieure. Aujourd'hui, il est auprès de Dieu, mais il cherche sûrement à réparer à travers les moyens que Dieu lui donne.

Mon frère a mis fin à ses jours en février 1995. En juillet de cette même année, je prends quelques jours de vacances. Je marche sur la plage quand, tout à coup, je pense très fortement à lui au point de murmurer : « Pourquoi es-tu là ? » Naturellement, je n'obtiens pas de réponse perceptible par l'ouïe. Mais, à mon retour à l'hôtel, la réceptionniste m'annonce que j'avais reçu un appel téléphonique pendant mon absence pour m'avertir que mon père venait de mourir. Mon frère était venu me prévenir…

Jérôme, mon frère et tous ceux que j'ai connus, de près ou de loin, qui se sont suicidés, m'aident, j'en suis certain, à trouver les mots qui encouragent, fortifient et soutiennent, et qui peuvent empêcher le passage à l'acte de ceux qui n'en peuvent plus et veulent se donner la mort, parce qu'ils imaginent que c'est la seule solution qui reste pour être délivrés et délivrer les autres de leurs angoisses.

Est-ce un hasard si tous mes livres invitent à « choisir la vie », à « rebondir » ? Est-ce un hasard s'ils visent à transformer en positif toutes les pensées qui peuvent aboutir à la dépression et au suicide ?

Quelques jours après le suicide de mon frère, j'ai animé un stage. À la fin de la session, je me sentais épuisé. J'éprouvais une sensation d'oppression terrible et j'ai eu le sentiment intérieur d'entendre mon frère me dire : « Je suis foutu, je suis maudit, ce que j'ai fait est irréparable, je ne peux pas revenir dans mon corps. » J'ai réalisé, grâce à cela, l'immense souffrance, dans l'au-delà, des personnes qui mettent fin à leur jour. Une souffrance atroce, dont on n'a pas idée sur la terre, même si Dieu les reçoit inconditionnellement dans son Amour.

Une fois accueillis par Dieu, dans un grand bain d'Amour, ceux qui se sont suicidés souffrent de voir leurs enfants malheureux pendant des années, de constater l'impact de leur geste sur leurs proches et leur descendance, et prennent conscience des blessures qu'ils ont infligées à ceux qui les avaient aidés. Quel poids ! Quelle lourdeur dont seules les prières peuvent les libérer ! Faisons-le même et surtout si ces personnes n'étaient pas « croyantes ». Prions, faisons prier pour elles et surtout, pardonnons-leur !

Dès que j'ai vécu ce sentiment d'oppression après la mort de mon frère, j'ai fait prier pour lui, pour qu'il sorte de cet état qui, évidemment, étant dans un autre espace-temps, ne peut se mesurer en temps terrestre. Beaucoup de messes ont été dites pour lui. Quelques jours plus tard, alors que je m'interrogeais sur sa destinée, c'était au mois de mars, j'ai vu une superbe étoile filante, ce qui ne m'était jamais arrivé en dehors du mois d'août…

Quant à Jérôme, je le remercie, et je ne suis pas le seul, pour tout ce qu'il nous a apporté. Il m'avait souvent encouragé et inspiré pour certaines émissions. Je le sens en paix et je sais aussi qu'il regrette profondément son geste et qu'il essaie, aujourd'hui, de redonner un peu de paix aux siens. Ce n'est pas un hasard si sa femme, que j'ai suivie ensuite pendant longtemps, m'a téléphoné pour prendre un rendez-vous à un moment où je pensais profondément à lui. Ce n'est pas un hasard si sa fille m'a appelé de l'étranger juste pendant la demi-heure où j'accompagnais sa maman par téléphone. Et cela à deux mille kilomètres de distance, sans qu'elles se soient concertées.

À ce sujet, accompagner quelqu'un après un deuil, c'est l'aider à accepter tous les sentiments contradictoires qui l'habitent, surtout après un suicide, et à nettoyer les culpabilités qui ne manquent pas de s'exprimer : « C'est ma faute, je n'ai pas compris à quel point il souffrait, je lui ai fait tant de reproches… » C'est aussi l'aider à reconstruire progressivement une autre vie sans s'enfermer dans les souvenirs ou les regrets. C'est l'aider encore à trouver sa propre mission sur terre et à l'accomplir – mission seul(e), mission de couple avec celui ou celle qui a quitté son corps physique, mission avec d'autres en communauté… C'est enfin l'aider à faire les meilleurs choix : « Vais-je rester dans la maison où nous avons vécu ensemble ? Vais-je déménager, quitter la région ? Qu'est-ce qui est le mieux pour moi, pour les enfants ? Quand ? À quel rythme ? »

Dieu nous reçoit avec Amour

Au moment de notre mort, Dieu nous reçoit dans son Amour. C'est en tout cas ce qu'ont vécu ceux qui sont « morts cliniquement » lors d'un coma dépassé et qui sont revenus à la vie. Quasiment tous rapportent la même image de la traversée d'un tunnel qui débouche sur la Lumière. Tous disent, quelle que soit leur religion, qu'ils ont touché l'Amour absolu, l'amour qu'ils avaient toujours cherché. Tous sentent la présence de leurs proches. Et surtout, au retour, plus aucun n'a peur de la mort. Les progrès de la médecine font qu'ils sont de plus en plus nombreux, de toutes cultures et de toutes croyances, à avoir connu cette expérience.

Les médecins de différents pays ont pu comparer ce que leur ont dit leurs patients. Ceux-ci se sont vus quitter leur corps physique dans un autre corps plus léger, mais ils voyaient et entendaient. C'est ainsi qu'un patient a pu dire à une infirmière, qui ne retrouvait pas certains instruments de travail, où elle les avait rangés, et ce lors de sa « mort clinique ». D'autres ont rapporté les paroles prononcées dans la salle d'opération. Et un homme non-voyant, entré dans un coma après un accident de voiture où il était passager, a pu donner le numéro minéralogique du véhicule qui les avait heurtés : « Les aveugles voient, les boiteux marchent » (Matthieu 11, 5).

Ces témoignages, je les ai moi-même entendus de deux religieuses et d'un prêtre qui ont vécu récemment cette « mort clinique » apparente.

Cela ne signifie pas qu'il n'y a pas une autre étape après l'entrée dans cet Amour absolu, ineffable. Ceux qui sont revenus ne peuvent évidemment pas en parler. On peut comprendre aisément que la mort, même si elle libère de tous les handicaps physiques, comme Jésus l'a montré en guérissant les malades, ne transforme pas immédiatement notre âme qui doit, ensuite, se nettoyer des scories de la terre : habitudes nocives, manque d'amour, possessivité, intrusion, domination, harcèlement, manipulation... Tout cela ne passe pas la « petite porte ». C'est progressivement que l'âme s'allège pour entrer totalement dans la béatitude céleste. Gravir une montagne demande du temps, de la préparation, d'alléger son sac en n'emportant que le strict nécessaire, d'apprendre à respirer un air de plus en plus pur. Et si l'on a vu le sommet au début de la montée, celui-ci disparaît régulièrement au cours de l'ascension. L'âme vit la joie d'aller vers le Tout-Amour qu'elle a rencontré au départ et, en même temps, se livre à l'épuration nécessaire, parfois difficile et douloureuse, pour pouvoir y accéder totalement. Penser ainsi à ceux qui sont en progression, prier, intercéder pour eux, offrir les difficultés de notre vie quotidienne, nos « bûches » et nos « embûches » les aident dans leur cheminement et leur allègement.

Ils nous donnent « signe de vie »

Nos bien-aimés nous aident à leur tour et nous donnent « signe de vie ».

Lors d'une réunion, une dame me rapporte le rêve suivant qu'elle a fait quelque temps après que sa fille soit décédée dans un accident de voiture. En songe, elle la voit heureuse, virevoltant. Elle veut s'approcher d'elle, mais celle-ci lui dit : « Un instant, maman, j'accueille ceux qui arrivent. » Elle attendait des personnes à qui elle donnait un numéro que la mère retint : 111. Le lendemain, troublée, ne comprenant pas la signification de ce rêve, la dame raconte la scène, au petit déjeuner, à son mari qui hausse les épaules. En fin de matinée, leur fils leur apporte le journal où il est écrit en gros titre « Le vol 111 de la Swiss Air s'écrase au Canada, tant de victimes… » Son mari, notaire, ne la croit pas. Mais quand un oiseau ou un écureuil vient juste devant la fenêtre de son bureau, il y voit un signe de sa fille…

Je me souviens, à ce sujet, d'une émission en direct où j'avais invité le président de l'association Jonathan-pierre vivante, association de parents qui ont perdu leur enfant par suicide ou mort accidentelle. Il parle de sa fille qui s'est suicidée et je le revois disant : « Je sais qu'elle est là. » À cet instant, il se tourne vers le mur opposé du studio où l'on venait de déposer à l'instant une affiche : « Elle est là », publicité pour la radio chrétienne qui nous accueillait et qu'il n'avait pas vue auparavant !

Quelque temps plus tard, je suis dans le TGV reliant Avignon à Paris. Je pense à mon frère et le sens dans mon cœur. Je me lève pour aller aux toilettes. Sur la plate-forme entre les deux wagons est affichée une publicité pour un célèbre opérateur téléphonique : « Plus rien ne nous séparera ! »

C'est le relief que prend intérieurement une telle « coïncidence » qui est parlant. Sans les chercher, sans les provoquer, sans moyen mécanique ou artificiel, c'est à chacun de découvrir les signes du Ciel, les clins d'œil de Dieu et de nos bien-aimés.

Avons-nous bien compris la vie éternelle ?

Il nous est arrivé à tous de penser profondément, sans raison, à une personne perdue de vue depuis longtemps, alors que nous étions en voyage, par exemple, et de trouver une lettre d'elle, au retour, dans notre courrier ou d'apprendre qu'elle nous avait téléphoné pendant notre absence. Quelque chose s'était donc transmis entre elle et nous autrement que par le contact physique.

Il y a quelques mois, j'ai pensé tout particulièrement à Christian, un homme qui m'avait consulté une dizaine de fois, il y a environ trois ans. À cette époque, il était en attente de jugement pour avoir attenté à la vie de sa femme. Une nuit, pensant que son épouse le trompait, dans un geste fou, il avait pris un couteau et l'avait enfoncé dans la poitrine de sa femme. Cette dernière survécut. Elle ne perdit pas conscience et demanda à son mari d'appeler le service médical d'urgence. À la suite de quoi, le mari fut emprisonné quelque temps. Une fois guérie, elle écrivit une lettre intercédant pour qu'il soit libéré. Ce fut le cas. Mais la machine judiciaire était en marche.

Christian me parlait souvent du milieu carcéral. Il avait la hantise de retourner en prison.

Au moment où je pense à lui, en ce mois de juin 2010, je n'ai plus aucune nouvelle de lui et je cherche à retrouver en vain son numéro de téléphone, cela à plusieurs reprises, pour le contacter et savoir comment il va.

Un matin de la fin juin, comme je le fais habituellement lorsque je suis à Paris, je descends de mon petit appartement pour prendre le journal gratuit que l'on distribue aux bouches de métro. Je ne le trouve pas. Je redescends un peu plus tard, toujours pas de journaux. « Par hasard », j'en vois un dans une poubelle. Je le prends, ce que je ne fais jamais en pareil cas. Je le parcours et je m'arrête sur un article qui relate le fait divers suivant. On rapporte que Christian vient d'être jugé pour avoir poignardé sa femme il y a trois ans. Je reconnais aussitôt l'homme auquel je pensais depuis trois semaines. Il a été condamné à cinq ans de prison. Quand il a entendu le verdict, Christian a sorti un tube de cachets et l'a avalé. Le président lui a demandé aussitôt ce qu'il faisait. Il répondit qu'il avait mal à la gorge, vacilla puis s'effondra. Il s'était suicidé.

Pourquoi ai-je tant pensé à lui ? Était-ce que la Providence essayait, par tous les moyens, de l'empêcher d'effectuer ce geste qu'il avait sûrement prémédité ? Mon frère, Jérôme et d'autres ont-ils voulu me prévenir pour que j'intervienne d'une façon ou d'une autre ? Sans doute viennent-ils réparer en nous disant : « Surtout ne vous suicidez jamais ! » Mais qu'aurais-je pu faire ? En tout cas, dans la communion des saints, j'ai été relié à Christian. Je n'ai pu empêcher son geste. Mais il y avait bien une raison pour que je trouve inopinément le journal qui relatait son suicide. J'ai aussitôt pu prier et faire prier pour lui, pour ses enfants, pour sa famille. De l'efficacité de cela sur le plan spirituel et pour faciliter l'évolution de l'âme après la mort, je suis certain !

D'ailleurs, quelques mois plus tard, je rapportai ces événements lors d'une conférence à l'Église de la Trinité à Paris. Une heure après, de retour dans mon appartement, je cherchai un papier administratif dans un endroit inhabituel et j'eus la surprise d'y trouver un document de Notre-Dame de Montligeon[1] datant du mois de juillet

1. C'est le charisme de Notre-Dame de Montligeon de proposer une prière perpétuelle pour les défunts. Sanctuaire Notre-Dame de Montligeon, 61400 La Chapelle-Montligeon, tél. : 02 33 85 17 00.

nous indiquant qu'à notre demande ils allaient prier tous les jours pour Christian...

Ce document, je l'avais complètement oublié. Est-ce un hasard si je l'ai retrouvé, sans le chercher, juste à ce moment ?

Il m'arrive aussi de croiser dans la rue un passant ou le conducteur d'une voiture dont les traits me rappellent quelqu'un et, à mon retour chez moi, de recevoir un appel téléphonique de cette personne qui avait, à ce moment-là, besoin d'aide. Devant la répétition de tels faits, dès que je vois, au travers d'une personne que je rencontre, un autre visage, je me dis qu'il y a peut-être un contact entre nous et je prie et fais prier pour la personne que j'ai « entraperçue ». Du coup, j'ai appliqué le même principe dans ma vie pour nos chers disparus bien présents. Quand quelqu'un me fait penser à eux, ou que leur image s'imprime dans mon esprit, je me dis que, peut-être, ils veulent me signifier quelque chose, me transmettre un message, et je suis en éveil. De toute façon, là aussi je prie pour eux, me mets en communion avec eux, reçois leur amour.

L'intuition qui nous relie

Cette intuition est gratuite, non voulue, c'est ce qui en fait toute la valeur. Au début de ma conversion, il y a longtemps, j'ai cherché à Paris à exercer ce don, par exemple en essayant de deviner, lorsqu'il y avait de nombreuses sorties de métro, laquelle je devais prendre pour aller dans telle rue que je ne connaissais pas. Cela n'a jamais marché et je m'en suis réjoui. J'ai aussitôt arrêté. Je crois, d'ailleurs, que c'est le renoncement à toute technique, à tout artifice, à toute utilisation volontaire, même pour une bonne cause, qui, de fait, purifie l'intuition.

L'intuition se reçoit. On ne la provoque pas sur commande. C'est une ouverture intérieure à une autre réalité. Violette, à 4 ans, n'a pas encore fermé son cœur à ce sentiment magnifique que son papou vit autrement, « ailleurs ». Elle sent que l'amour est plus fort que tout. Elle le sait d'instinct. Elle est encore tout près de son enfant de Lumière intérieur…

Et voilà encore un décalage important dans notre vie : sortir des sentiers battus, aussi bien par rapport aux idées toutes faites ou magiques que par rapport à un raisonnement qui se veut uniquement cartésien. Accepter ce décalage lors des changements, des ruptures, de la mort, c'est entrer dans une autre réalité tellement plus belle : celle de l'intuition qui nous relie à Dieu. Et nos deuils, nos séparations seront vécus dans une autre Lumière, nous approfondiront et nous ouvriront peu à peu à une nouvelle fécondité.

5

Je développe l'émerveillement

Nous avons encore trop tendance à nous enfermer dans des prisons : le passé, un avenir incertain, notre mental qui rumine, nos soucis, habitudes, conditionnements, passions… Ces dernières, quelles que soient leur nature, qu'elles se portent sur un objet ou un être convoité, créent un besoin de satisfaction immédiat : « Tout, tout de suite », « C'est long », « Je ne peux pas attendre. » Poussés par ce qui nous attire tel un aimant, nous nous détournons de la vraie Lumière, celle vers laquelle tend notre cœur profond, celle qui luit dans notre intériorité. Puis, ne pouvant obtenir ce que nous voulions, nous sommes déçus. Nous déchantons. Nous ne croyons plus à rien. Coupés de Dieu, comme des promeneurs privés de guide dans une forêt obscure, nous ne savons plus où nous allons. Ou alors nous nous refusons tout plaisir. Nous sommes enfermés dans le devoir. Nous devenons rigides, sans joie, nous ne voyons plus les cadeaux de la vie.

La recherche sans frein du plaisir, de l'obtention par n'importe quel moyen ce que l'on désire, ou, au contraire, l'enfermement rigide qui amène au jugement des autres –

« J'ai ou nous avons la vérité. Ils ont tort... » – a créé tant de guerres, de conflits sanglants, de terrorismes de toutes sortes, certains habillés de « vérité » et de « vertus » dogmatiques ou religieuses.

Quand on fait la rétrospective des derniers conflits qui ont ensanglanté l'Europe, on reste sans voix devant de telles horreurs. Des hommes et des femmes, nos proches, ont vécu l'absurde : pour certaines nations, obéissance à des chefs ivres de pouvoir et de puissance, à des ordres de tuer, « efforts de guerre » pour produire plus d'obus, plus d'armes pour détruire, stratégie bureaucratique, expertise scientifique et technique au service de la mort, de l'extermination... Peurs, haines, sentiments de vengeance, attente angoissante de nouvelles de personnes chères, totale incertitude sur l'avenir, mais aussi héroïsme, don de sa vie pour défendre son pays... Notre être intérieur est-il programmé pour que nous nous entretuions ? Nous devons à nos aïeux, qui ont souffert pour que nous soyons libres, pour que nous connaissions la paix, une infinie reconnaissance. Ils ne savaient sans doute pas où ce chaos allait mener. Auraient-ils pu imaginer, même entrevoir, que Français et Allemands allaient sortir de la logique de guerre pour une logique de construction, que Français et Anglais n'auraient plus de rivalités que sportives, voire économiques ?

En avons-nous fait autant sur le plan individuel ? Sommes-nous sortis de la logique de guerre ?

Nous devons faire preuve, à l'égard de toutes ces générations sacrifiées, d'un infini respect, d'une grande compassion pour avoir mis de si belles qualités au service de leur idéal, de leur patrie[1].

Comment pouvaient-ils encore croire en l'homme, avoir une vision optimiste de la vie ? Tous leurs sens avaient été blessés.

Et nous, avons-nous abandonné toute rancœur, tout préjugé, tout rejet nourris par les atrocités ? Aujourd'hui que bien des murs réels ou politiques se sont effondrés, avons-nous choisi de construire, de tendre la main, de percevoir les complémentarités entre les peuples, les richesses des uns et des autres ? Ou sommes-nous encore enfermés dans une vision négative, voire apocalyptique de la vie sans la remettre en cause ? Ou fuyons-nous, comme certains que l'on retrouva en Europe, dans les années 1950, vivant seuls dans la forêt sans savoir que la guerre était terminée depuis plusieurs années ?

Nous qui n'avons peut-être pas vécu toutes ces atrocités dans notre chair, nous naissons avec le poids de ces souffrances en nous. C'est l'un des bagages de notre hérédité. Notre psychisme comprend un arrière-fond de passé de guerres, d'angoisses épouvantables, de traumatismes transmis par nos ancêtres[2] et qui, comme certains ali-

---

1. Même si, bien sûr, toute la gamme des turpitudes humaines se trouvait aussi représentée de part et d'autre lors des guerres : orgueil, trahisons, profits personnels, cruautés, violences inutiles, humiliations, etc.

2. *Cf.* Anne Ancelin Schützenberger, *Aïe mes aïeux*, Desclée de Brouwer, 1993.

ments, ont un arrière-goût amer[1]. Cet arrière-fond est en partie le terreau de notre vision négative du monde sur laquelle se greffe ce que nous avons connu dans notre famille, avec nos parents, notre éducation ; le terreau de tout ce qui nous angoisse, la cause des murs que notre psychisme dresse autour de nous pour une prétendue protection, mais qui empêchent notre cœur de s'ouvrir, qui le rendent hermétique à la beauté, à l'amour, à l'amitié, à l'amour de Dieu… Notre hérédité et notre passé personnel contaminent notre façon de voir le monde !

Changer notre façon de voir les choses : une extraordinaire liberté

Il nous est arrivé à tous d'être touchés au plus profond de nous par le sourire d'un enfant, la beauté d'un coucher de soleil, une attention à laquelle nous ne nous attendions pas, de ressentir une dilatation du cœur, une plénitude. Il s'agit souvent de moments fugitifs. Mais nous les rappelons-nous ? Les avons-nous ancrés dans notre mémoire interne ?

Une dame me racontait qu'elle se trouvait dans le métro à l'heure de pointe. Serrée entre les voyageurs à la mine renfrognée, elle avait du mal à résister à la cohue et aux odeurs désagréables qui se dégageaient d'une telle proximité. Elle eut cette pensée : « Seigneur, tu ne vas pas

1. *Cf.* Serge Tisseron, *Nos secrets de famille*, Ramsay, 2003 ; *La Honte : psychanalyse d'un lien social*, Dunod, 2007.

dire que c'est beau, que je peux louer pour une telle situation ? » À ce moment même et pendant une fraction de seconde, sa vision se transforma et elle vit toute la scène dans une autre lumière, douce et belle, où elle perçut la beauté de chacun. Puis cela se referma et elle retrouva sa vision psychique habituelle. Va-t-elle se souvenir de cet instant de grâce et ne jamais oublier cette vision intérieure qui lui a été donnée ?

On peut admettre qu'il n'est pas plaisant de rentrer chez soi dans le bruit, la foule, les encombrements, les bousculades après une journée de travail fatigante. Mais on peut aussi reconnaître que les choses pourraient se dérouler beaucoup plus péniblement. Nous ne sommes pas en guerre – et beaucoup de pays le sont en ce moment... –, nous avons la chance de profiter de moyens de transport qui pourraient ne pas exister, qui pourraient être beaucoup plus longs ou laborieux, beaucoup plus risqués aussi (souvenons-nous des diligences...). Par ailleurs, dans ce métro, ce bus ou ce train même bondé dont nous avons la chance de profiter, tous n'ont pas une mine patibulaire. Certains restent calmes, lisent, écoutent de la musique ou prient. Certains sont polis et respectueux... Le suis-je moi-même ou est-ce que je projette sur l'extérieur ma propre vision négative ? J'ai la possibilité d'agrémenter moi-même de multiples façons ce moment dont, jusqu'à présent, je ne voyais que les inconvénients : je peux toujours m'intérioriser, méditer, prier, louer, regarder un visage souriant ou expressif, une publicité qui montre de beaux paysages, évoquer un souvenir agréable...

Surtout, je n'oublie jamais que, même dans ces conditions, ma profondeur est en paix.

Vous qui lisez ces lignes, je vous invite, comme on le fait dans les stages de créativité, à imaginer dix raisons de vous réjouir de la situation décrite plus haut, dix raisons de trouver que vous avez de la chance (ne fût-ce que d'avoir un domicile, des jambes pour avancer…), dix façons de rendre les déplacements plus joyeux en ayant une vue plus panoramique, en utilisant votre humour[1]. C'est par des exercices quotidiens de ce type que l'on transforme sa vision des événements.

Si nous n'entretenons pas cette ouverture du cœur profond par l'apprentissage de la louange, de l'émerveillement, de la pensée positive, de la gratuité à autrui, elle se refermera bien vite.

S'émerveiller, cela s'apprend

Changer de regard est à notre portée. Il suffit de le vouloir et de le décider et de s'y exercer *chaque jour*. Oui, je peux dès maintenant apprendre à m'émerveiller. Que j'imagine un instant un monde lunaire et toute la nature me paraîtra belle. Quand on séjourne dans le désert où l'on apprend à se dépouiller, on découvre l'essentiel qui est à l'intérieur de soi. Ensuite, la moindre oasis paraît luxuriante. Et en retrouvant progressivement la verdure,

1. Ne dites pas que vous n'en avez pas. Vous pouvez le développer même s'il a été brimé dans votre enfance ou blessé à tel ou tel moment.

les arbres, les fleurs, on les voit comme on ne les avait jamais vus.

Je me souviendrai toujours, lorsque j'ai fait mes classes au début de mon service militaire en 1967, de l'impression que j'ai ressentie la première fois, au bout d'un mois d'enfermement, où nous sommes sortis de la caserne pour aller au champ de tir (ce qui, par ailleurs, ne nous plaisait guère). Nous étions en rang, privés de la liberté d'aller où bon nous semblait, mais une simple rue, avec des passants et des arbres, m'apparut extraordinaire. Et à la première permission, retrouver une salle de bains ordinaire, alors que nos conditions de vie étaient pour le moins frustes (douches extrêmement sales avec peu d'eau, toilettes bouchées qui dégoulinaient dans l'escalier...), me fit le même effet.

J'ai gardé ces souvenirs et bien d'autres pour me réjouir de la moindre chose, du moindre instant de liberté, du fait de pouvoir respirer, marcher, goûter, savourer.

Découvrir les cadeaux de la vie

Rien n'est dû. Tout est cadeau ! Rien n'est « normal ». Tout est à découvrir. Tout est don : une simple route goudronnée remplaçant un chemin crevassé sur lequel nous pourrions abîmer nos amortisseurs ou qui était devenu impraticable, un petit sentier dans la forêt, un magasin qui vient d'ouvrir et qui répond à nos besoins, une infirmière qui nous sourit sur notre lit d'hôpital... Tout cela peut nous remplir de joie. Rien n'est dû ! Tout est cadeau !

La joie parfaite ? Ne rien attendre. S'émerveiller de la moindre chose. Se souvenir de tous les moments pleins, heureux, sans les regretter, mais en les faisant vivre en soi. Découvrir cette fraîcheur intérieure, cette « pétillance » qui vient de la source divine qui nous habite. Se savoir totalement aimé. Se réjouir que le meilleur est devant soi car, au Ciel, nous irons d'émerveillement en émerveillement, de gratitude en gratitude, de découverte en découverte. Et le Ciel est déjà là, au fond de nous. L'éternité est déjà commencée !

Marion venait d'effectuer d'importants travaux d'amélioration dans sa maison grâce à un héritage. Pourtant, elle était mécontente et découragée. Rien n'allait. Elle avait eu maille à partir avec l'architecte et les différents corps de métier, les délais n'avaient pas été respectés, les matériaux ne lui convenaient pas. De semaine en semaine, elle n'avait d'yeux que pour les défauts. Un fossé se creusait entre la perception qu'elle avait de son domicile et une habitation idéale où tout aurait été « parfait ». Petit à petit, elle prenait sa maison en grippe et en venait à regretter d'avoir fait des travaux.

Je lui proposai de me citer dix choses qu'elle aimait dans sa maison telle qu'elle était maintenant. Au début, elle eut beaucoup de mal. Son regard était focalisé sur ce qui ne lui plaisait pas. Puis, petit à petit, elle reconnut que la baie vitrée donnant sur le jardin éclairait la pièce, que la couleur du dallage lui convenait, que l'escalier, même s'il aurait pu être mieux réalisé, était plutôt pratique… Progressivement, je lui demandai de trouver, chaque semaine, dix autres raisons de s'émerveiller de sa maison (cela pouvait être un tableau, une tenture, un coin de la pièce, un simple clou, un rayon de lumière…), des éléments de sa vie qui pouvaient lui faire dire : « J'ai de la chance. » Puis dix points positifs concernant son travail (comme son emploi à mi-temps qui lui donne de la liberté ; se réjouir des tâches qu'elle aime le plus, elle qui a l'habitude de dire qu'on ne lui donne rien à faire qui mette en valeur ses compétences…). Je lui proposai enfin de trouver dix façons d'enrichir son travail tel qu'il est actuellement (dans la façon de le considérer, d'y réagir, d'y mettre plus de recul et d'humour, etc.). Au fur et à mesure, ses yeux s'ouvrirent et elle commença, petit à petit, à prendre plaisir à cette nouvelle façon de concevoir les choses.

Notre psychisme a pris de bien mauvais plis. Pour quitter cette logique négative et entrer dans l'émerveillement, il faut des mois, des années d'entraînement… et des étapes. Un danseur ne réussit jamais à faire le grand écart du premier coup.

Changer de regard sur notre environnement

D'abord, trouver, comme cette dame, ce qui est beau, tout ce qui nous plaît, par exemple, dans notre chambre : bibelots, couleurs, tapis, meubles, luminosité, objets spirituels… Nommer trois cents choses différentes que l'on aime dans une pièce. Cela peut paraître beaucoup, mais c'est possible[1]. Apprécier la facilité d'avoir de la lumière, l'eau courante alors que tant de pays n'ont pas ce confort qui nous paraît si normal, si ordinaire. Élargir progressivement le cercle et poser notre regard plus loin, sur l'appartement entier ou la maison, l'environnement, etc.

Puis s'attarder de la même façon sur le trajet qui nous sépare du domicile au travail ou à tout autre lieu où l'on a coutume de se rendre. Observer les maisons, les couleurs, les arbres, les fleurs... En ville, regarder l'originalité et le charme des façades d'immeubles, les vitrines, les affiches, les réverbères, les jardins publics... S'émerveiller des formes, celles des nuages comme celles des constructions, voir tous ces petits détails qui nous échappent habituellement et qui pourraient nous dilater le cœur.

Au travail, retenir les qualités de nos collègues, leurs paroles bienveillantes, certains instants de rire ou de complicité, nos réussites, les échecs que nous avons acceptés et offerts après en avoir tiré la leçon.

Considérer avec bienveillance et amour notre corps que nous malmenons à force de lui envoyer des messages négatifs au lieu de le louer pour tout ce qu'il nous permet de faire, tout ce qu'il nous permet de vivre. Là aussi, nous aurions des quantités de raisons de le remercier. Il en est de même pour notre personnalité et nos qualités cachées.

---

1. Dans mon bureau de Pont-Saint-Esprit, je pourrais citer au moins quatre ou cinq cents, voire mille détails que j'aime. Mais si je veux voir tout ce qui ne va pas, je pourrais en énoncer tout autant. Et cela sans aucune exagération. Le secret n'est-il pas dans un retournement de la pensée et de la vision ?

Changer notre regard est de notre responsabilité. Rester dans un scénario de victime dans lequel nous tournons en rond, rester dans notre négativité n'est pas digne de nous. Stop ! Nous ne le voulons plus. C'est la qualité de notre repentir à ce niveau qui nous fera changer.

Je ne veux plus être prisonnier de mon passé. Je ne veux plus m'empoisonner la vie ni empoisonner celle des autres. Je ne veux plus justifier mes négativités. Je me lève et je marche. J'avance et je développe la gratitude. Oui, j'ai de la chance !

Cela ne m'empêche pas de voir ce qui ne va pas, mais de façon adulte. Je suis capable de le relativiser et surtout de vouloir ensuite l'améliorer.

Face à un ennui, je prends du recul, j'analyse sa « gravité », je me demande si vraiment cela vaut la peine de tant m'inquiéter, si j'ai raison de lui accorder tant d'importance. Je regarde quelles en sont les vraies conséquences. Puis je prends toutes les dispositions nécessaires, quitte à les modifier ensuite s'il le faut. Si j'utilisais vraiment le regard que Dieu me donne, toute ma vie serait transformée et je me sentirais mieux.

On a suivi trois groupes de personnes pendant plusieurs années : les unes vivaient dans la louange, la bénédiction ; les autres avaient l'habitude de porter un regard négatif sur leur journée ; les dernières étaient plus neutres. Les résultats ont montré que, statistiquement, les personnes vivant positivement, dans la contemplation, l'émerveillement, la prière avaient une espérance de vie supérieure à celle des autres et étaient en meilleure santé.

De plus, si nous nous sentons bien, si nous sommes positifs, dans la louange et compatissants, nous aurons de meilleurs rapports avec les autres, nous les attirerons bien davantage.

Une entreprise avait engagé, pour son service après-vente, un employé très compétent techniquement, mais fort peu aimable. Quand les clients lui téléphonaient parce qu'ils avaient des difficultés à faire fonctionner leurs appareils, il leur répondait de façon très sèche, en utilisant le langage technique de la notice, incompréhensible par le grand public. Un jour, il tomba malade. Il fut remplacé par quelqu'un de beaucoup moins qualifié. Mais quand les clients l'appelaient, il se montrait plein d'empathie. Il était très proche des clients, se mettait à leur place, ceux-ci se sentaient accueillis. C'est finalement lui que l'on garda à ce poste.

Heureux ceux qui, lorsqu'ils montent dans la hiérarchie professionnelle ou sociale, restent proches des autres, se souviennent de ce qu'ils ont été et gardent une âme humble, la fraîcheur de l'enfant de Lumière qui s'émerveille de la moindre chose, du moindre instant.

Conserver ou retrouver un regard d'enfant

Changer de regard, mettre des lunettes plus positives sur la vie, ce n'est ni de la méthode Coué ni de la naïveté, de l'angélisme ou de l'infantilisme. Ce n'est pas non plus, comme le disent certains, « se contenter de peu » en comparant sa situation à celle des autres qui en vivent une bien pire, « histoire de se consoler ». C'est conserver ou retrouver un regard d'enfant, un regard capable d'émerveillement, comme si l'on avait manqué de tout, que l'on ne méritait rien, que l'on voyait tout de façon nouvelle.

Souvenons-nous de ce que nous ressentions, enfants, à Noël. L'émerveillement devant les cadeaux, les sapins, les boules et les guirlandes. Nous risquons d'avoir perdu ce sentiment puisque nous savons maintenant d'où viennent les cadeaux (mais le savons-nous vraiment ? avons-nous découvert les cadeaux de la vie et de Dieu ?) ; puisqu'on nous a dit que le père Noël n'existait pas (et pourtant, Dieu Amour n'a-t-il pas aussi quelques traits communs avec lui ?). Noël est pour nous, chaque année, l'occasion de retrouver notre âme d'enfant, ce qui n'exclut pas le côté adulte et rationnel par ailleurs. Ce n'est pas l'un *ou* l'autre, mais l'un *et* l'autre. Et quand nous racontons des contes de fées aux enfants, une partie profonde de nous n'en comprend-elle pas le sens symbolique et merveilleux ? La petitesse qui vient à bout des maléfices. La confiance absolue : « Un jour, mon prince viendra » (et le vrai prince est Dieu), « Ils vécurent heureux et eurent beaucoup d'enfants » (la fécondité spirituelle après la rencontre sur terre avec Lui, le Prince charmant, après avoir reçu son baiser d'Amour)... Et comment avoir peur d'un Dieu qui se fait tout petit dans la crèche pour nous rejoindre ? Voilà la vraie magie de Noël et Noël, c'est tous les jours : une attitude intérieure, celle de l'émerveillement en nous de l'enfant de Lumière qui est tout près de Dieu. Si nous vivions tous les jours Noël, nous traverserions mieux les difficultés rencontrées dans les différentes Pâques de notre vie.

Notre psychisme va avoir tendance, d'une part, à retenir ce qui nous manque par rapport aux autres et, d'autre part, à nous dévaloriser. L'ambition, le perfectionnisme nous conduisent souvent à « mettre la barre très haut », trop haut, à être insatisfaits et trop exigeants, puis à nous décourager. Une partie de nous voudrait être puissante, accumuler, posséder encore et encore. Une autre se le refuse et nous prive de la réussite et des petits plaisirs de l'existence.

Notre être profond, au contraire, est dans un état de béatitude, de reconnaissance, de joie. Il accueille, avec émerveillement, la moindre chose. Il reconnaît toute la chance que nous avons d'être nés dans un pays privilégié ; de pouvoir nous procurer de la nourriture, des produits d'hygiène, des soins ; de pouvoir nous déplacer sans danger ; communiquer avec nos proches même quand nous en sommes séparés par des milliers de kilomètres ; de profiter du confort des habitations – chauffage, lumière, ameublement, décorations –, etc.

Rien de tout cela n'est un dû. Nous n'avons rien fait pour le mériter. Nous avons seulement eu la chance de naître à une époque où cela existait, dans un pays où c'était possible…

Tout voir comme si c'était la première fois
Être reconnaissant

S'émerveiller, c'est changer d'étalon. C'est se contenter de ce que l'on a. Cela ne veut pas dire que l'on n'aura jamais plus. Mais la clé du bonheur n'est pas dans la course à l'avoir. Charles de Foucauld, dans le désert comme dans son ermitage chez les sœurs clarisses de

Nazareth, se contentait d'un morceau de pain. Thérèse de Lisieux avait aspiré, très jeune, à entrer dans un couvent sans rien posséder. Etty Hillesum, plus proche de nous, a laissé dans ses lettres des témoignages de moments de joie, de bonheurs simples qu'elle a su voir et apprécier quand elle était dans le camp de transit de Westerbork, avant de mourir à Auschwitz. Elle répétait : « La vie est belle et vaut la peine d'être vécue. »

S'émerveiller, c'est aussi tout apprécier pleinement, comme si c'était la seule et unique fois, pour en faire un moment d'éternité.

S'émerveiller, c'est encore être dans la louange pour ce que nous avons vécu de beau, de bien et s'en souvenir.

Lorsqu'on regarde avec les yeux de Dieu, tout change, tout s'agence, tout se met en place pour notre bien. Les pièces du puzzle s'emboîtent. Notre cœur s'ouvre de plus en plus. Nos sens se « débouchent ». Nous sentons de plus en plus son Amour.

Alors, aujourd'hui, je vais apprendre à changer d'attitude, à transformer positivement ma pensée et la faire suivre d'actions concrètes. Mon objectif de chaque jour :

– m'émerveiller, voir tout comme si c'était la première fois, comme si j'en avais manqué longtemps, comme si je l'avais fortement désiré et que cela arrive enfin, comme si je recevais des cadeaux que je ne mérite pas ;

– être content de ce que j'ai ;

– être conscient de tout ce dont je profite ;

– être reconnaissant et plein de gratitude pour ce que les autres m'apportent ;

– être heureux de ce que je suis et apporte moi-même ;

– découvrir mon utilité ;
– me sentir habité par l'Amour de Dieu ;
– être en communion avec tous ;
– bénir, louer, remercier ;
– vivre un sentiment de plénitude ;
– dire stop aux pensées négatives, dramatisantes, aux scénarios de victime : « Vous ne pouvez pas comprendre, j'ai tellement souffert, vous ne savez pas ce que c'est... » ;
– prendre la responsabilité de ma vie ;
– choisir librement ;
– bénir mon corps ;
– me faire des cadeaux ;
– accepter les compliments ;
– ne jamais oublier ma profondeur lumineuse ;
– donner du sens au moindre acte concret ;
– me dire : « Je l'ai fait » et m'en réjouir – pour le reste, me donner comme objectif : « Je vais le faire » ;
– offrir tout ce que je vis de beau ou de difficile et avoir conscience de la fécondité de cette offrande.

6

J'adhère au réel

« Je n'arrive pas à vivre le présent », « j'oublie mes affaires », « j'ai la tête ailleurs », « je n'arrive pas à me concentrer », etc.

Comment faire pour ne pas se laisser happer par les ruminations sur le passé, les fuites dans l'imaginaire, les projections craintives sur l'avenir, l'encombrement et le cinéma mental dans le présent où tourbillonnent projets, regrets, colères, reproches, déceptions et blessures ressassées ?

À trop ruminer le passé, ou à l'inverse à trop laisser notre mental vagabonder vers un avenir flou ou construit par nos pensées négatives et parasites, nous savons bien, au fond de nous-mêmes, que nous risquons de « passer à côté de la vie », de « miner » le présent.

Comment s'ancrer dans le réel lorsque des rancunes accumulées tenaces, des incompréhensions obscurcissent notre ciel, exercent une cacophonie dans notre psychisme ? Comment adhérer au réel lorsque nous vivons par procuration, nourris de jeux vidéo, feuilletons, films, romans, de nos interprétations, plans tirés sur la comète, fabulations, insatisfactions que nous projetons, etc. ? Tous ces parasites « brouillent la liaison » avec la réalité. Nous vivons une autre vie en décalage avec l'existence réelle qui est la nôtre.

Et ainsi sommes-nous dispersés, les pièces de notre puzzle sont-elles en vrac, les pans de notre personnalité dissociés. Notre unité est en pièces détachées. Longtemps nous compensons, mais au détriment d'une dépense de vitalité extrême qui pompe nos ressources. Quand nous ne pouvons plus compenser, le malaise s'installe. Il se transforme peu à peu en mal-être avec des incertitudes, des tiraillements, des difficultés à prendre des décisions (on ne voit plus clair dans le désordre, pas plus qu'on ne retrouve un objet égaré dans une chambre où tout traîne, où rien n'est rangé), et voilà la tristesse, le sentiment d'échec, voire de non-sens…

Il y a un vrai bien-être à adhérer au réel, à avoir pleinement conscience de chaque instant, de chaque acte que l'on pose.

Un sentiment de plénitude nous habite lorsque nous sommes présents à ce qui nous entoure. L'avons-nous découvert ?

Jésus était ancré dans le présent. Il puisait ses paraboles dans le quotidien. Il était totalement unifié. Pour reprendre le premier chapitre de ce livre, Il était à la fois Taureau, Lion, Aigle, Homme/Ange (les quatre évangélistes) et agneau, tout cela dans une parfaite unité. Et pourtant, Il aurait eu de quoi s'envoler, fuir ce monde qui s'éloignait tant de la Création. Mais Il est venu pour vivre parmi les hommes et les sauver. Il n'a donc pas fui le monde. Ainsi nous ouvre-t-Il la voie, nous montre-t-Il le chemin. Allons-nous, de notre côté, ou nous perdre dans la matière ou fuir la réalité et donc notre mission ? Ou au contraire allons-nous suivre notre Maître, notre Bien-Aimé, et nous laisser conduire par Lui dans une incarnation juste et acceptée ?

« Comment faire pour vivre intensément le présent ? » Voilà la question que me posait une jeune femme, il y a peu de temps. Se dire : « Il faut que je sois conscient(e) » est trop imprécis, trop vague. Il convient de se donner des objectifs simples et concrets.

Stopper le vagabondage mental

Le jour, la nuit, quand nous veillons, quand nous dormons, quand nous prions, des pensées de toutes natures nous assaillent. Notre mental est encombré par toutes sortes de sollicitations qui nous coupent du réel, comme lorsqu'il y a des parasites, de la « friture sur la ligne »... Nous avons bien du mal à faire le vide dans notre tête, à arrêter le tourbillon de nos élucubrations.

Pour trouver la paix, je vais apprendre à arrêter le vagabondage mental, les scénarios où je me sens victime (« On me trahit », « on ne m'aime pas », « je me laisse envahir », « je n'ose pas m'affirmer », etc.) ; où je suis persécuteur (« Je rumine ma vengeance », « je vais dire du mal d'elle, de lui », « il, elle ne perd rien pour attendre », « je vais mettre le souk, la zizanie », etc.) ; où je me place en sauveteur (« Je me fais tant de soucis pour lui, elle... », « sans moi, il, elle n'y arrivera jamais », « je dois toujours être derrière son dos », etc.).

Le médecin suisse Roger Vittoz (1863-1925) conçut des exercices pour libérer de l'anxiété, pour vivre pleinement l'instant présent et se défaire des emballements de la pensée afin d'améliorer la mémoire du quotidien (se souvenir de l'endroit où l'on a posé ses clés, ses papiers, si l'on a fermé le gaz, le robinet…). Simples, pratiques, intégrés dans la vie courante, ils visent à rétablir le « contrôle cérébral ». Certains d'entre eux, dits de réceptivité, se fondent sur l'utilisation consciente des cinq sens. D'autres, dits de concentration, cherchent à accroître les facultés d'attention, de mémorisation, de discernement. C'est la fameuse méthode Vittoz.

Rentrer dans ses sensations

Un exercice essentiel, tout simple et à faire souvent, consiste à sortir du mental pour entrer dans son cœur et ses sensations. Je suis assis dans un fauteuil ou sur une chaise. J'en profite pour être conscient de mon appui sur le sol. Je ressens mon dos, mes jambes, mes bras. Quand je marche dans la rue, ou quand je me promène, je suis conscient de l'appui de mon pied gauche puis de mon pied droit (comme à l'armée : « gauche, droite »).

Au lieu de « gamberger », de réfléchir au travail, à mes soucis, à mon emploi du temps, j'ouvre mes cinq sens. Je respire à pleins poumons, je sens les effluves de l'humus, des plantes, les essences des arbres. J'écoute le chant des oiseaux, le bourdonnement des insectes, le froissement des brindilles sous mes pas. Je goûte un fruit, une baie fraîche. Je regarde les couleurs des feuilles, des jeunes pousses. Je touche la douceur des pétales de fleurs, la rugosité des troncs d'arbres. Si je nage, je suis attentif au glissement de mon corps dans l'eau, aux sensations de fraîcheur, au goût salé de la mer, à l'odeur iodée qui s'en dégage, au clapotis de l'eau, aux reflets à sa surface.

Tout cela m'aide à descendre de ma tête dans mon corps, m'ouvre à la Présence, à l'émerveillement. Grâce à ces exercices quotidiens je me sentirai vite mieux, ressourcé, ragaillardi.

Faire le silence en soi, changer de niveau et s'intérioriser

Pour y parvenir, je peux, plusieurs fois par jour, regarder un mur, un objet, un dessin, une photo, sans penser, sans rien me dire en esprit, sans jugement, sans comparaison, sans avis sur sa beauté, sa laideur, sa propreté, son efficacité. Il s'agit d'arrêter les emballements de la pensée, les débordements affectifs, émotionnels, les appropriations (« ma » voiture, « mon » stylo, « mon » tableau…), et de sentir la paix qui existe en profondeur. Celle-ci se révèle lorsqu'on ne surajoute rien, qu'on ne surimpose rien, qu'on ne qualifie pas[1]. Accepter le mur, l'objet, le dessin, la photo tels qu'ils sont… et se sentir bien.

Cela peut se faire à tout moment et en différents lieux. Dans la cohue du métro, dans les embouteillages, dans une file d'attente… Au lieu de m'énerver, de penser que

1. *Cf.* Arnaud Desjardins, *À la recherche du Soi*, La Table Ronde, 2001.

c'est insupportable, de maugréer que les choses auraient pu se passer mieux, dire « stop », faire le vide dans ma tête, mettre au repos mon mental, me réjouir de la légèreté que cela me procure et sentir la paix s'installer en moi. « Je suis là et la Paix de Dieu est en moi. » J'accepte ce qui est. J'adhère au réel. Je ne me dis pas que je pourrais être « autre part » où je serais bien mieux, que certains ont de la chance de ne pas vivre des situations aussi désagréables, voire « désastreuses » et pourquoi pas « monstrueuses », que c'est la faute de… ; que si… ; et que « c'est bien ma chance ». Non, je suis là dans ces conditions, et c'est bien.

Être vraiment présent aux autres

J'ai appris à regarder un mur, un objet, un dessin, une photo sans donner d'avis sur eux. J'ai appris à envisager une situation qui aurait pu paraître agaçante (cohue dans le métro, embouteillage, file d'attente…) sans jugement, sans énervement, sans débordement émotionnel. J'ai pris conscience des bienfaits, de la paix que cela engendre.

Alors pourquoi ne pas faire la même chose avec les personnes ?

Difficile ? Que faire quand nous sommes agressés ? Quand nous sommes critiqués injustement ou humiliés ?

Prenons l'exemple du patron qui adresse un reproche à son employé. Ce dernier, s'il adhère à la réalité de ce qui vient de se passer, ne va pas répliquer sous le coup de l'émotion au risque d'envenimer la situation. Il va accepter l'instant présent tel qu'il est, envisager que son patron ait parlé sous l'effet de la fatigue, de l'irritation, faire le tri entre ce qui est juste ou non, éventuellement lui en reparler le lendemain. Il prendra du recul, ne projettera rien, comme pour le mur dont nous avons parlé plus haut. Il ne qualifiera pas – « c'est un con », « il n'a rien compris », « pour qui se prend-il ? ». Il n'interprétera pas – « qu'est-ce que j'ai encore fait ? », « peut-être a-t-il des problèmes familiaux ? »). Ou au contraire – « c'est toujours à moi qu'il en veut », « je ne suis pas son larbin, son paillasson », « on dirait mon père…, ma mère… », etc. Simplement, il restera factuel – « quels sont les faits ? », « vous faites allusion à quoi ? », « qu'allons-nous faire maintenant ? ».

Ce comportement, que l'analyse transactionnelle d'Éric Berne appelle « Adulte », demande que j'aie travaillé sur toutes mes projections, nettoyé mes lunettes déformantes et appris à adhérer simplement au réel. Alors, j'y verrai plus clair, je trouverai des solutions, j'avancerai.

Je vais me mettre à l'écoute d'autrui sans me demander s'il m'est sympathique ou non, sans jugement, simplement en étant présent, à lui, à elle.

Vivre l'« ici et maintenant »

Être constamment conscient de l'endroit où je me trouve, de l'heure qu'il est. À ce propos, je pense à certains patients à qui je fixe le matin un rendez-vous pour le jour même. Pris par d'autres occupations, d'autres priorités, ils laissent passer l'heure ou rappellent pour demander à quel moment de la journée nous devions nous voir ou nous téléphoner…

Certaines personnes qui sont dans un chemin spirituel ont pris l'habitude, comme les oiseaux, de s'envoler, de se « libérer » des tâches du quotidien dans lesquelles elles se sentent mal à l'aise. Elles ressentent souvent comme des contraintes tout ce qui les éloigne de leur spiritualité, comme si cela leur « volait » leur temps. S'il est vrai que notre être profond vit déjà dans un autre espace-temps, l'objectif est de réussir la coexistence de la contemplation et de l'action. C'est ce qu'ont réalisé certains sages et certains saints. Par exemple, il est dit de Catherine de Sienne qu'elle était contemplative dans l'action.

Si nous n'arrivons pas à concilier ces deux aspects, si le premier prend le pas sur le second, nous risquons de ne plus parvenir à structurer ni à organiser notre temps et cela deviendra incompatible avec notre vie familiale, sociale ou professionnelle.

Revenir au réel

Présence et vigilance. Adhérer au réel, c'est exercer une veille permanente dans l'instant présent. Je m'entraîne quotidiennement à repérer tous les moments où je me déconnecte de la réalité, où je m'enferme dans mes pensées, dans le rêve, la rêverie. À chaque fois que je me prends en « flagrant délit » de coupure d'avec le réel, je m'efforce de m'y rebrancher comme on le ferait avec une prise de courant qui a quitté la fiche murale. Ayant ainsi de plus en plus conscience des moments où je « dérape », je vivrai plus intensément tous mes actes et je me sentirai davantage unifié avec le présent.

Être présent à ce que l'on fait

Les personnes qui ont tendance à perdre leurs affaires, à ne plus savoir où elles ont posé leurs clés, leur livre, telle facture, à égarer leurs lunettes ou à ne plus se souvenir dans quelle rue elles ont mis leur voiture en stationnement sont particulièrement concernées. Développer l'attention à tous les petits actes de la vie quotidienne est un exercice à répéter chaque jour. Je gare ma voiture et, au lieu de me précipiter à mon rendez-vous, je prends le temps d'ancrer dans ma mémoire l'endroit où elle se trouve : dans quelle rue, à quel numéro, à quel niveau du parking. S'il le faut, je l'écris.

Je rentre le soir chez moi et je pose toujours les clés au même endroit. Si je ne le fais pas, je me dis clairement : « Je les pose à telle place », pour être sûr de m'en souvenir.

Nous faisons souvent plusieurs choses à la fois, habitués que nous sommes à aller vite, à penser en même temps à un rendez-vous important, une course, une visite, aux enfants qui vont bientôt sortir de l'école, aux impératifs professionnels ; ou bien nous pouvons être sous le coup d'une émotion qui parasite la concentration sur ce que nous faisons. Beaucoup de problèmes de mémoire sont en fait des problèmes de vigilance, de concentration et d'attention !

Au moment où je ferme le gaz, où j'éteins la lumière, où je tourne la clé dans la serrure, où je range ma carte de transport ou telle facture, je veille à être vraiment présent. Cela m'évitera bien des vérifications inutiles, bien des craintes et des énervements. Cela est particulièrement efficace pour se rééduquer lorsqu'on a des TOC (troubles obsessionnels compulsifs). Je ferme le gaz et je me dis dans ma tête, voire tout haut : « J'ai fermé le gaz. » Je ferme la porte en quittant mon domicile. Je ne pense à rien d'autre qu'à cela. J'y mets toute mon attention. Elle a trois points de fermeture. Je les ferme un à un en me disant : « J'ai fermé la porte. » La répétition sur plusieurs semaines, plusieurs mois, améliorera nettement mes symptômes. Et s'ils se déplacent sur d'autres rites et vérifications, je ferai de même.

Être vigilant lors de ses déplacements

Lors de mes trajets quotidiens, je m'attelle à être présent à mon environnement : rue, route, pancartes, signalisations, voire affiches publicitaires. Ai-je repéré tel changement, telle nouveauté, telle ouverture de magasin, ou bien suis-je passé « en courant » sans m'apercevoir de rien ? Cet exercice testera ma vigilance et m'aidera à mieux fixer mon attention sur des choses plus importantes.

Il nous arrive parfois de conduire « machinalement » parce que nous avons l'habitude du parcours que nous effectuons chaque jour. Or, selon les compagnies d'assurances, beaucoup d'accidents ont lieu non loin du domicile car, connaissant bien la route, on fait moins attention. Outre le danger que cela représente pour nous et pour les autres, cela signifie que nous avons « l'esprit ailleurs », que nous oublions la situation dans laquelle nous nous trouvons.

Si nous voyageons en car, train, métro ou bus, il est quand même beaucoup plus simple, pour descendre au bon arrêt, d'être conscient à tout moment de l'endroit où l'on se trouve ! Et cela même si nous lisons, prions, téléphonons ou nous abandonnons à telle ou telle occupation ou préoccupation. Ce n'est pas l'un *ou* l'autre, mais l'un *et* l'autre. Téléphoner, parler, écouter *et* rester présents !

Équilibrer sa vie pour demeurer dans son axe profond

Beaucoup de gens passent de l'excitation, avec une activité débordante où ils se dispersent, à la dépression, au vide intérieur lorsque, brutalement, s'arrête le rythme effréné du travail ou de leurs journées. Ou bien ils ont des hauts et des bas successifs selon les jours, les mois, les saisons.

Un responsable me confiait : « Je me sens mal quand commencent les vacances. J'ai accumulé tant de fatigue qu'il me faut au moins quinze jours pour émerger. Comme je prends trois semaines de vacances, il ne me reste que la dernière pour en profiter. »

D'autres, redoutant le trop grand décalage entre le rythme élevé, l'effervescence du travail d'une part et la légèreté, la souplesse des horaires pendant les congés d'autre part, structurent au maximum leurs vacances pour ne pas être « dépaysés ». Mais sont-ils vraiment présents à eux-mêmes et aux autres ?

De même, celles ou ceux qui prennent leur retraite sans se préparer à cette nouvelle vie risquent fort de mettre du temps à s'acclimater à un nouveau rythme.

Celles ou ceux qui restent au foyer afin de s'occuper des multiples tâches ménagères et des enfants, ou qui sont très accaparés par des soins apportés à des proches malades, savent-ils bien se ressourcer, avoir des temps à eux au cours de la journée pour se recentrer ? Si toutes ces tâches les absorbent totalement, attention au mal-être et à la dépression quand cela s'arrête !

D'autres, se sentant prisonniers de leur travail et de l'école, comme beaucoup d'adolescents, profitent des week-ends et des temps de repos pour « s'éclater » et n'arrivent pas, ensuite, à se lever le lendemain ou le surlendemain.

N'y aurait-il pas une voie du juste milieu ? Ne pourrait-on trouver un rythme qui n'épuise point, ne crée pas de si lourdes décompressions ? Qu'allons-nous décider pour notre vie ? Et si nous nous réglions à l'heure de notre horloge intérieure ? À l'heure de notre être profond ?

La vie des moines est un modèle de ce point de vue. Présence à Dieu, à soi-même, au monde. Leur vie suit toute l'année le même rythme, à l'exception des temps forts liturgiques, et leurs journées sont structurées de façon semblable, chaque activité ayant trouvé sa juste place. Certes ils ont des heures réservées à la prière, à la contemplation, à la *lectio divina*, mais ils travaillent par ailleurs soit pour l'entretien du monastère – préparer les repas, cultiver, réparer –, soit pour fabriquer des objets artisanaux, des reliures, des spécialités alimentaires, etc. « *Ora et labora.* » Chaque monastère a sa spécificité mais, dans tous les cas, spiritualité et travail se concilient, se complètent, s'équilibrent.

Adhérer au réel, ne serait-ce pas apprendre à être moins dans l'excitation pour être moins dans la dépression, à ne pas se disperser pour rester dans son axe intérieur, à se donner des temps de pause pour respirer, regarder un arbre, écouter de la musique tout en étant pleinement vigilant et présent ? Et pendant ces temps, garder toujours la conscience de l'« ici et maintenant ».

Adhérer au réel, ne serait-ce pas unir le spirituel et l'incarné, le travail et la prière, la contemplation et l'action ?

Être conscient de toutes les parties de soi-même

Lorsque nous roulons en voiture, toutes les composantes du véhicule fonctionnent simultanément. De la même manière, tous nos niveaux intérieurs, toutes nos poupées russes coexistent.

En avons-nous vraiment conscience ?

– Rappelons-nous le niveau superficiel, du paraître, de la poupée extérieure.

– Rappelons-nous les poupées intermédiaires, notre personnalité psychologique avec le poids de notre passé, de nos habitudes et compensations. Nous avons à les travailler pour nous constituer un moi adulte, libre et généreux, capable de décider et de s'engager, parce que plus conscient et vigilant ; à quitter un ego plaintif, revendicatif ou fragile laissant la porte ouverte à toutes les influences extérieures.

– Rappelons-nous surtout, pour nous y ancrer davantage, le niveau le plus profond, la plus petite des poupées russes, au centre : notre enfant de Lumière, la présence de Dieu en nous.

Nous avons à mettre de la conscience à tous les niveaux pour mieux nous comporter car ils nous habitent tous et, s'ils ne concordent pas, ne s'harmonisent pas, nous serons tirés à hue et à dia et serons difficiles à vivre pour notre entourage.

Se reconnecter constamment à son être intérieur

Adhérer au réel, c'est aussi être fidèle à sa profondeur, à la Présence de Dieu en soi.

À chaque fois que nous traversons des situations pénibles, des passages à vide, reconnectons-nous à notre être profond. Ressourçons-nous dans notre fraîcheur, notre pureté. Passons de la confusion à l'unité, de l'agitation à la paix intérieure ! Nous sommes forts en Dieu, nous sommes forts de Dieu.

Oui, nous pouvons changer les choses en nous réalimentant intérieurement, dans ce lieu de sérénité et d'ouverture ; en nous fortifiant, grâce à notre profondeur, notre enfant de Lumière.

Développer les quatre piliers qui stabilisent et font voir la vie autrement

À l'instant où je termine la rédaction de ce livre, je me trouve dans mon bureau à Pont-Saint-Esprit. Je considère la chaise qui est devant moi :

– J'adhère au réel : je ne me prononce pas sur sa qualité, sa valeur, sa couleur, son style. Je ne décrète pas que je dois la jeter, la changer ou la conserver (ce que je ferai le moment venu, si c'est nécessaire). Je la regarde et je l'accepte telle qu'elle est, sans décision, sans émotion. Je lui dis « oui ».

– J'élargis mon point de vue : je me dis que j'ai de la chance de pouvoir utiliser cette chaise. Je m'émerveille parce que, en d'autres temps, d'autres circonstances, d'autres pays, je n'en disposerais pas.

– Je suis reconnaissant envers tous ceux qui, de près ou de loin, ont participé à sa fabrication : je me relie à eux. Je communie avec eux. Ils sont nombreux à avoir contribué à mon confort : bûcherons, artisans, commerciaux, livreurs, agents de communication, marchands, vendeurs…

– Je remercie Dieu, je suis dans la louange pour ce que j'ai, ce que je suis, ce qui vient vers moi et ce que je réalise grâce à Lui. Je Le remercie pour tous ses Bienfaits, je suis plein de gratitude.

Adhérer au réel. S'émerveiller. Être en communion. Remercier. Voilà les quatre piliers qui font voir la vie autrement ! À nous de les mettre en pratique chaque jour !

7

Ma vie : décalée et réussie !

Pinocchio, marionnette fabriquée par Gepetto, parle, rit, pleure comme un enfant. Son nez s'allonge quand il ment. Facétieux et espiègle, Pinocchio quitte la maison paternelle et se laisse attirer par toutes sortes de plaisirs. Au cours de ses pérégrinations, il fait des rencontres parfois hasardeuses et vit des aventures plus ou moins reluisantes malgré les injonctions de sa conscience, Jiminy Criquet. Il se retrouve ainsi à l'île aux Plaisirs où il commence à se transformer en âne. Après bien des péripéties, il échoue dans le ventre d'une baleine où se trouve déjà son père parti à sa recherche sur une chaloupe, et avalé lui aussi par l'animal. Pinocchio sauve Gepetto de cette prison en le chargeant sur son dos et en nageant jusqu'à l'épuisement. Grâce à cet acte généreux, il devient un vrai petit garçon.

On peut appréhender ce conte comme une leçon pour les enfants « désobéissants » qui deviennent des « ânes[1] »

1. Bien que l'âne couché près de la crèche représente l'intelligence mise au service de Dieu et que ses grandes oreilles lui permettent d'entendre vraiment. C'est d'ailleurs sur une ânesse ou un ânon que Jésus entre triomphalement à Jérusalem.

lorsqu'ils ne vont pas à l'école et s'attirent des malheurs s'ils ne sont pas sages.

Mais on peut aussi le comprendre comme un cheminement allant de la marionnette que nous sommes, régie par l'hérédité, les déterminismes, les influences extérieures, à la réalisation de notre vraie identité d'enfant de Dieu. Il en est de même lorsque Mowgli, dans *Le Livre de la jungle*, sort de sa forêt, de sa partie animale, et se découvre vraiment un petit d'homme.

Mettre à jour notre vraie identité d'enfant de Dieu

Si Pinocchio ne devient lui-même qu'à la fin du conte, sa difficulté à cacher ses mensonges (son nez s'allonge) était un signe annonciateur de sa vraie nature profonde, faite de vérité et de transparence.

Ainsi, sous la marionnette manipulable, influençable et versatile réside un enfant de Lumière intègre et généreux. Pinocchio est re-né en vrai petit garçon quand il laisse éclore son être profond tandis que s'amenuisent les autres couches de sa personnalité. C'est comme cela qu'il passe des plaisirs au vrai bonheur.

En quoi tout cela nous parle-t-il de nous-mêmes ?

Nous avons nous aussi, comme Pinocchio, à nous libérer des fils de notre marionnette, à découvrir notre être intérieur en retirant une à une les couches successives qui le recouvrent : celles des moqueries, des blessures, des dévalorisations, des soumissions, des révoltes, des désirs de vengeance, mais aussi des conciliations et connivences avec certaines valeurs de la famille, de la société qui relèvent parfois plus de la marionnette que du « vrai petit garçon ».

Nous avons l'impression que cette carapace ainsi formée nous protège. Mais c'est un leurre. Elle est une coquille dans laquelle nous avons enfermé le meilleur de nous-mêmes.

Notre nez ne s'allonge pas quand nous ne sommes pas nous-mêmes. Nous n'avons pas de signe aussi visible nous permettant de le détecter. Pourtant, nous pouvons nous sentir très mal à l'aise, être gênés, rougir, ne plus savoir où nous mettre…

Alors, ne nous contentons plus de cette situation. Ne nous fondons plus dans le moule en étant trop soumis ou au contraire trop rebelles. Ne soyons plus comme des zombies anesthésiés. Réveillons-nous ! Il y a une extraordinaire découverte à faire : notre spécificité, notre originalité, notre mission.

Nous sentons bien que nous ne nous réalisons pas lorsque nous subissons notre vie. Nous sentons bien, au fond de nous, que nous ne sommes pas en paix ni heureux quand nous critiquons, bavardons à tort et à travers, proférons des paroles désobligeantes qui peuvent blesser autrui ; quand, « attaqués », nous « attaquons » à notre tour ; quand nous nous laissons embarquer dans des rapports de forces. Mais aussi quand nous ne savons pas nous faire respecter, que nous nous gommons, jouons aux victimes ou fuyons la réalité ou nos responsabilités.

« STOP, ça suffit ! »

Mais un jour, c'est le déclic. Monte en nous un « STOP, ça suffit ! ça ne peut pas continuer comme ça ; j'aspire à autre chose ; je décide de changer » !

Voici ce que dit Agnès à ce propos : « Ne me sentant pas aimée enfant, j'ai été très jalouse de mes sœurs plus valorisées que moi car, selon les critères de mes parents, elles avaient mieux réussi à l'école et dans la vie. J'ai été très malheureuse. Je me suis recroquevillée, je me comparais ou alors j'agressais, je me fermais. Grâce à une psychothérapie, j'ai appris à me sortir de tout cela, à m'accepter, à trouver ma place dans la société bien que très différente du désir de ma famille d'origine. J'ai appris à me faire plaisir, à compter pour les autres, à exister. Mais ce n'est que depuis quelque temps que j'ai enfin trouvé le vrai bonheur : je me réjouis pour les autres. J'ai reçu et j'ai donné, plus ou moins bien. Je n'ai pas tout eu. Je n'ai pas réalisé tous mes rêves, mais j'ai trouvé la paix. J'ai accepté ma vie telle qu'elle est, ma famille telle qu'elle a été et, aujourd'hui, je ne veux plus que leur bien. Il était temps. J'ai 70 ans… »

J'entends des personnes de tous milieux, de tous horizons, de tous âges me confier : « Je me sens en décalage ; je ne me sens pas à ma place. » Me dire également : « Je me sens en relation filiale avec Dieu. Je lui dis "Papa" ou "Maman" et on me réplique que ce n'est pas de la "bonne théologie". » « Je me sens différent des autres à l'école, des garçons qui se battent, qui provoquent les professeurs ou sont fiers de faire des bêtises. Comme je ne sais pas me défendre, je deviens leur souffre-douleur », etc.

J'entends aussi un cadre, un(e) chef de service, un(e) responsable, un(e) employé(e), dans un laboratoire, un magasin, un pôle de vente, un bureau de gestion du personnel, un cabinet d'avocats, un hôpital, une administration, constater : « Je suis mal vu(e) ; on me trouve trop lent(e) ; on me demande d'être plus dur(e) avec les clients ; c'est la course ; je n'ai pas les mêmes valeurs ; je ne suis pas moi-même ; je ne me reconnais pas dans ce que je vis... »

Ai-je tiré les leçons ?

Suis-je prêt(e) à apprendre à me positionner, à m'affirmer dans mes valeurs, ma façon d'être, à trouver des phrases antipoison pour me faire respecter dans ma différence ?

Suis-je prêt(e), le moment venu, à opérer les changements nécessaires ?

Adrien et Antoine, à leur sortie de Polytechnique, ont choisi, l'un de devenir ouvrier dans une usine afin de partager le quotidien des agents de fabrication, l'autre d'embrasser une carrière de chanteur puis de faire le tour du monde en bateau avant de se fixer dans une île lointaine. Tous deux ont choisi. Tous deux ont réalisé !

Là où l'on a souffert peut être sa réalisation

Suis-je prête(e), comme Jeannine, Paulette, Jean, Wilfrid, à faire de mes faiblesses, de mes handicaps, une force ?

Jeannine n'a pas eu les enfants qu'elle désirait, mais elle est devenue « mère » dans un village d'enfants SOS.

Paulette n'a pu se marier, elle a longtemps vécu en fusion avec sa mère. À la mort de cette dernière, elle s'est libérée. À 50 ans, elle a entrepris une formation pour devenir conseillère conjugale.

Jean a eu un terrible accident de scooter à 18 ans. Il a connu des années de « galère », comme il le dit, dans les hôpitaux pour reconstruire sa jambe qui a failli être amputée. Aujourd'hui, il est pompier.

Wilfrid, lui aussi, a failli perdre la vie dans un accident de voiture au sortir d'une boîte de nuit. Il y a laissé un bras. Il est maintenant moniteur de surf.

Alors, vais-je continuer à me vivre en victime ou vais-je choisir, à mon tour, ce retournement qui donne du sens à toute une vie ?

Toute mon existence est un apprentissage pour découvrir, c'est-à-dire enlever ce qui « recouvre » mon être profond. Dieu me rappelle à chaque instant ce qui est ma vraie nature. N'oublions pas que Jésus, modèle de l'unité, était en accord absolu avec Lui-même et n'a fait aucune concession avec ses valeurs profondes.

Réaliser ce que l'on est vraiment et le déployer au service des autres

C'est entrer dans la découverte de ce que l'on a d'original en soi, prendre conscience de sa richesse intérieure.

Nous ne savons pas toujours mettre des mots sur ce que nous portons au plus profond de nous. Mais, à chaque fois que nous disons ou pensons : « Ce n'est pas moi ; je ne me retrouve pas dans... », nous pressentons que nos dons, nos talents ne s'expriment pas dans la situation donnée ou ne sont utilisés ni pour nous ni pour les autres, et nous avons l'intuition d'un « gâchis ».

Se déployer, c'est se découvrir, prendre le temps de se mettre à jour, se former, se préparer au changement et agir. « Aide-toi, le Ciel t'aidera... »

Agir

Christian[1] a réussi sa vie, même s'il lui reste encore des étapes à franchir. Abandonné par son père à la naissance, brutalisé par sa mère qui l'enfermait des journées entières, seul dans le noir, quand il était petit, terrorisé par son beau-père qui essaya quatre fois de le tuer avec un revolver ou une faux, il s'est toujours dit : « Comment vais-je faire pour m'en sortir ? » Et la réponse lui est venue très tôt à

1. Christian Faison, Yves Boulvin, *J'ai choisi de vivre*, *op. cit.*

l'esprit : analyser la situation et agir. Trouver des solutions pour survivre, quand il ramassait, des nuits durant, des cartons dans la rue, entre les prostituées et la police. Agir quand, à l'âge adulte, il se trouve en bas de l'échelon et se forme pour devenir cadre. Faire le tri et pardonner quand ceux qui, essayant de l'aider, lui font subir des attouchements : garder l'affection, ne pas s'enfermer, ne pas entrer dans un scénario de victime, ne pas subir, apprendre à arrêter, s'éloigner, tirer la leçon, pardonner.

Et voilà comment Christian a finalement pu se marier, avoir de beaux enfants, ouvrir un cabinet d'assurances. Et voilà comment aujourd'hui, grâce à des conférences, des livres[1] et des émissions de radio, il fait profiter à d'autres de son expérience.

Son nom est Faison. Il l'a fait ! Et aujourd'hui il explique comment, pour que nous puissions tous nous dire : « Nous aussi, nous le pouvons. Faisons ! »

La joie du service

Réussir sa vie, c'est aussi se découvrir un serviteur, une servante heureux(se) d'accomplir un service pour autrui.

Le mot « serviteur » a été tellement galvaudé que, dans certains milieux, on n'ose même plus le prononcer alors qu'il n'y a rien de plus beau que la joie du service.

Quels services ai-je accomplis avec cœur et pour le bien d'autrui au cours de ma vie ?

---

1. Christian Faison, *J'ai dix ans, ma vie est un cauchemar*, Presses de la Renaissance, 2006.

Jésus nous dit : « Viens, bon et fidèle serviteur, entre dans la joie de ton maître » (Matthieu 25, 21). Et puis : « Je ne vous appellerai plus serviteurs mais amis » (Jean 15, 15). C'est la joie du service qui fait entrer dans l'intimité de Dieu, qui donne l'élan, l'énergie nécessaire pour l'accomplir. Sommes-nous vraiment conscients de l'importance de ce que nous avons accompli ? L'œuvre du tentateur est de nous montrer sans cesse l'inutilité de ce que nous faisons : « À quoi bon ? Ça sert à quoi ? Tu t'illusionnes… » Il va nous mettre devant les yeux des aspects décourageants de notre fonction ou de notre fonctionnement : « Quel bien fais-tu ? Tu te fais avoir, ils ne pensent qu'à leur portefeuille… »

Nous voyons surtout les inconvénients de notre vie, les déséquilibres que nous créons les uns et les autres ou auxquels nous contribuons ou avons contribué. Mais avons-nous conscience, à l'inverse, que l'offrande positive d'une vie, la prière perpétuelle peuvent limiter les désordres du monde et parfois les transformer ? On a attribué, entre autres, l'effondrement du bloc soviétique à Jean-Paul II, à sa prière, lui l'athlète de Dieu devenu offrande vivante après l'attentat qui l'a atteint dans sa chair. Ainsi, la prière et l'offrande d'un homme, et avec lui celles de tous ceux qui lui sont reliés, peuvent empêcher une guerre ou bouleverser un ordre contraignant, même si cela prend du temps.

Ceux qui prient, qui donnent du sens à chaque instant, chaque moment de la journée – qu'ils soient dans un monastère ou en train d'accomplir leurs activités domestiques ou professionnelles – sont de véritables transformateurs.

Là où le mal abonde, la grâce doit surabonder. C'est l'œuvre de Dieu. Mais nous pouvons tous y contribuer en étant des serviteurs bons et fidèles. De ce point de vue, nous allons apprendre à voir autrement les événements de notre vie. Nous ferons tout pour atteindre honnêtement les objectifs que nous nous sommes fixés. Mais si nous n'y arrivons pas, au-delà de l'analyse de nos erreurs pour en tirer les leçons – c'est l'aspect psychologique –, nous pouvons l'offrir – c'est l'aspect spirituel.

Nous pourrions dire que la réussite d'une vie consiste d'abord dans l'offrande de ce qui a été le plus difficile et le plus injuste. Voilà la porte du Ciel, la porte des agneaux.

Regardons bien notre vie. Nous avons refusé certains événements que nous n'attendions pas, qui nous ont blessés. Mais c'est fait. Ils ont eu lieu ! Nous pouvons être en partie responsables de cet accident, cette maladie, cette séparation, ce deuil, cette perte d'emploi… ou cela s'est fait indépendamment de nous. C'est le cas pour Jean-Paul II lors de son attentat. Et l'offrande dans laquelle il a vécu cet événement a eu pour conséquence le jaillissement, à partir d'un grand malheur, d'une explosion de vie, jusqu'à ébranler les forces du mal. Nous n'avons surtout pas à rechercher ou à provoquer ces événements, mais lorsqu'ils ont eu lieu et que nous n'y pouvons plus rien, alors reste l'offrande. Et plus ce que nous offrons a été difficile à accepter, plus la fécondité sera grande. C'est ainsi que la réussite d'une vie peut se réaliser à l'occasion d'un deuil particulièrement difficile à accepter, d'une séparation par laquelle tout notre idéal de vie a été remis en cause : « Je l'offre, Seigneur, pour le monde. » Comme nous-mêmes nous recevons le fruit de l'offrande d'inconnus qui nous permet de rebondir sans que nous sachions d'où nous vient cette énergie nouvelle. Voilà la communion des saints, voilà la grande œuvre à laquelle nous sommes tous appelés.

Se dépouiller du passé

Réussir sa vie, c'est se dépouiller de ce qui empêche l'accomplissement de sa profondeur. C'est traverser les nuages qui obscurcissent son Ciel intérieur.

Il y a bien des façons d'y parvenir. À chacun de trouver la sienne. Mais cela passe toujours par l'acceptation de ce qui a été : le passé est le passé ; ce qui est, est. Je ne peux le changer, mais je peux changer ma façon d'y réagir, y trouver maintenant mon propre chemin de vie et en faire une vraie fécondité grâce à Dieu. Voilà le secret.

Quelles qu'aient été les injustices dont j'ai souffert, quels qu'aient été mes malheurs passés, je peux aujourd'hui en faire une richesse, une opportunité. C'est cela, choisir de vivre. C'est cela, renaître[1].

Il n'y a absolument rien que Dieu ne puisse transformer en bien, même si cela passe parfois par une vraie contrition de ma part. À moi de le comprendre et de Lui permettre d'opérer cette transformation qui ne peut se faire sans Lui (que je l'aie reconnu ou non), mais qui ne peut non plus se faire sans moi.

---

1. *Cf.* Yves Boulvin, *Renaître*, *op. cit.* ; *Choisis la vie*, *op. cit.* ; *100 Chemins pour être plus heureux*, *op. cit*.

Alors, je fais le bilan ! Qu'est-ce qui est réussi dans ma vie jusqu'à présent et dont je peux être heureux ? Que voudrais-je réussir maintenant : un projet, une plus grande intériorisation, la fécondité de l'offrande positive de ce que j'ai refusé jusque-là, une autre façon de voir ma vie, une plus grande ouverture aux autres, davantage de patience, de persévérance ? J'ai le choix !

Mais je décide que maintenant ma vie, même décalée, même différente de ce que j'attendais ou de ce que l'on attendait de moi, va être réussie. Cela ne tient qu'à moi !

Je ne veux plus être dans le paraître, le « comme tout le monde… ; c'est comme ça… ; il faut… ; on doit… », tributaire de tous les conditionnements qui font de moi, au départ, une marionnette dirigée par les fils extérieurs. Je veux être guidé(e) de l'intérieur, là où circule l'Amour divin, pour renaître en vrai petit garçon, en vraie petite fille, en vrai enfant de Dieu.

Je ne veux plus stagner dans mon psychisme, dans la domination, la soif d'être connu(e), reconnu(e), adulé(e). Je ne veux plus rester dans l'avoir, dans un rapport gagnant/perdant où je suis capable de développer toute une stratégie pour arriver à mes fins contre l'autre, ou bien, au contraire, où je me dévalorise à outrance.

Je ne veux plus de la fausse image d'un Dieu qui décide à ma place, qui provoque des situations que je redoute, qui punit, qui est à l'origine de mes maux, de mes souffrances.

La vie changerait totalement si, au lieu de nous enfermer dans notre passé, nos rancœurs, notre ego frustré, revendicateur, culpabilisé, culpabilisant, nous nous laissions pénétrer par l'Amour de Dieu. Et alors, quelle fécondité !

Être fidèle à soi-même
Croire en son utilité

Réussir sa vie, c'est persévérer tout au long des années en s'enrichissant des apports d'autrui, de l'expérience accumulée, mais en n'oubliant jamais son originalité et ce qu'elle apporte aux autres. Vécus de cette façon, tous les métiers sont beaux !

Nous saurons que nous avons progressé dans notre réalisation profonde si nous pouvons dire : « Je suis heureux d'être moi-même » ; si nous avons appris à nous aimer vraiment, à nous accepter, à *croire en notre utilité.* Que nous soyons artisan, psychologue, avocat, médecin, vendeur, jardinier, maçon, ouvrier, fonctionnaire, cadre ou profession libérale, nous servirons. Et nous le réaliserons d'autant mieux que ce sera pour Dieu, en Dieu et pour autrui. Certes nous commettrons des erreurs, mais nous ferons de notre mieux et nous découvrirons la joie d'être ce que nous sommes.

Christiane, qui se désespérait de sa vie « fade et monotone », a compris la joie et la fécondité de l'offrande de ses « petits riens quotidiens » : menus travaux, soucis, difficultés… « Voici mon chemin et je n'en voudrais pas d'autres, déclare-t-elle souvent. Tout ce que j'offre fait du bien ailleurs. Je ne saurai jamais ni où ni quand, mais n'est-ce pas plus beau comme cela ? »

Après avoir été licencié de son entreprise, Arnaud s'est mis à la fabrication artisanale de vitraux.

Grégory, qui est né sans avant-bras gauche, est devenu l'un des cuisiniers les plus en vue dans des émissions télévisées. Il est bien dans sa peau et il milite pour l'emploi de personnes ayant un handicap.

Et que dire de Jamel Debbouze ? Sa bonne humeur et sa joie de vivre en font l'un des humoristes les plus appréciés. Il a de plus épousé une présentatrice intelligente, fine et jolie…

Nous saurons que nous avons progressé dans notre réalisation profonde quand nous sentirons que ce que nous faisons va dans le sens de notre aspiration, de notre axe intérieur. À ce niveau-là, plus de rapports gagnant/perdant ou perdant/gagnant, mais la joie de la complémentarité : nous avons besoin les uns des autres, sans fusion ni confusion, dans la conscience de ce que nous nous devons mutuellement.

Geneviève a eu du mal à arrêter son travail de bibliothécaire qu'elle aimait pour s'occuper de ses cinq enfants. Cela n'a pas été sans combat ni énervements. Mais elle dit : « Aujourd'hui, j'ai trouvé la paix. Tout ce que je leur ai donné par ma présence, les soins, les repas, les travaux ménagers, l'aide à la scolarité, le côté "taxi" pour les conduire à droite, à gauche, même s'ils ne m'en savent pas toujours gré, je sais que cela leur sera profitable et j'en suis heureuse ! Quand ils seront plus grands, il sera toujours temps pour moi de reprendre mon travail ou des études pour modifier ma trajectoire. »

Paule, qui n'a pas pu avoir d'enfant, parle souvent de « ses enfants », ceux des autres qui sont confiés à sa prière, mais aussi de « ses enfants spirituels » : les prêtres, les pasteurs qu'elle soutient par sa prière.

Agnès, Adrien, Antoine, Jeannine, Paulette, Jean, Wilfrid, Christian, Christiane, Geneviève, Paule n'ont-ils pas réussi leur vie ?

Et que dire de Louis et Zélie Martin qui, tous deux, ont été refusés dans leur désir de vie monastique, ont perdu plusieurs enfants et sont morts, Zélie d'un cancer alors qu'elle était encore jeune, et Louis, bien plus tard, d'une forme de folie… Quelle fécondité quand on considère leur vie et leurs enfants : en particulier leur fille Thérèse, devenue Thérèse de l'Enfant-Jésus, et ses sœurs religieuses !

Alors, vais-je en rester là ou vais-je rentrer vraiment dans une vision et une vie nouvelle ?

Découvrir et vivre l'Amour de Dieu

Quitter son hérédité tout en la remerciant et entrer dans sa réalité intérieure, se relier à Dieu. Ainsi, nous ne regretterons plus les manques de notre existence : les parents que nous aurions voulus, la vie sentimentale que nous aurions souhaitée, le couple, les enfants dont nous avions rêvé, parce que nous serons vraiment comblés. Nous comprendrons que nous avons acquis beaucoup plus que tout ce que nous pouvions espérer, imaginer.

Pierre a connu le banditisme, la drogue, la prison. Il a consulté médiums, marabouts et guérisseurs. Il a connu l'enfer des médicaments à haute dose. Il ne s'en sortait pas. Un jour, complètement désespéré, il a crié : « Au secours ! » sans savoir à qui cela s'adressait. S'est alors produite une explosion d'amour dans sa poitrine, d'autant plus forte qu'il était tombé extrêmement bas. Il ne s'en est pas trouvé transformé d'un seul coup. Mais il cherche depuis à revivre ce ruissellement d'amour en allant seul méditer dans les collines qu'il appelle « sa montagne ». Tout n'est pas facile pour lui aujourd'hui, mais il témoigne d'une façon bouleversante : « J'ai connu l'enfer. Si quelqu'un m'avait dit, à l'époque : "Je sais ce que tu vis, je l'ai vécu aussi, voilà comment je m'en suis sorti", cela m'aurait tant aidé ! » Avec des mots simples et des larmes de repentir, il touche les publics auxquels il s'adresse. Sa vie est réussie.

Il n'est jamais trop tard !

André, purgeant une lourde peine de prison, se voit remettre un Évangile par un aumônier qui lui dit : « Voici mon caïd. » Quelque temps après, feuilletant la vie de ce « caïd », André, du fond de sa prison, lui donne rendez-vous la nuit même. Et la nuit, il a une vision. Tout s'ouvre devant lui et le Seigneur est là ! Il ne l'a jamais oublié. Il en a témoigné d'abord auprès de ses codétenus et, depuis sa sortie de prison, devant de vastes auditoires.

Jacques Fesch était en prison pour avoir tué un policier. Il a alors vraiment rencontré Dieu. Sa foi était si vive, si intense, qu'il voulait la partager : par des lettres, en écrivant à de nombreux correspondants, par son journal qu'il adressait à sa fille, par son témoignage auprès de ses proches, des détenus, des gardiens. Il a fini sa vie comme un saint avant d'être exécuté.

Accueillons nos qualités, nos dons et faisons-les fleurir !

Réalisons que nous avons en nous un trésor inestimable, déposé par Dieu, notre Père.

Prenons conscience de notre ingratitude devant le cadeau de ce que nous sommes en profondeur et que nous avons reçu gratuitement. Nous en développerons alors une énorme reconnaissance !

Longtemps, nous avons cru que nous aimer était de l'égoïsme. Maintenant, découvrons que Dieu a tout fait pour que nous nous réjouissions du trésor qu'il a mis en nous. Nous ne sommes pas les propriétaires de nos qualités, de nos dons. Ils nous sont donnés, mais nous pouvons en être les gérants avisés.

Désormais, nous ne nous comparerons plus aux autres. Nous n'en aurons plus besoin. Nous comprendrons que nous sommes uniques, que nul ne nous ressemble. Nous aurons conscience de la richesse de nos dons, de nos talents et de la fécondité de notre vie lorsque nous nous donnons. Nous prendrons conscience que lorsque nous donnons, lorsque nous aimons, l'Amour de Dieu pour les autres nous traverse et nous comble au passage ; que lorsque nous recevons son Amour, son Amitié à travers autrui, nous permettons à ce dernier relais, à son tour, de se laisser ainsi traverser par l'Amour divin pour nous et d'en être réjoui, raffermi, ragaillardi.

Quel père n'a pas envie que tous ses enfants s'aiment ? Quel père ne veut pas le meilleur pour ses enfants, tout en sachant que cela prendra des années pour qu'ils se désencombrent, deviennent eux-mêmes – parfois vingt, trente, voire quarante ans ou plus ? Quel père n'a pas envie que tous ses enfants soient heureux, réussissent sans que cela soit au détriment les uns des autres ? Cela ne nous fait-il pas saisir le temps de Dieu, notre Père céleste ?

Certes, Dieu aime chacun de ses enfants, mais Il les aime chacun de façon différente : totalement, inconditionnellement, avec une Patience infinie. Nous retrouverons ainsi la vraie confiance. Redevenir un petit enfant, c'est retrouver la confiance totale dans le fait que, quels que soient les événements de notre vie, Dieu va en faire un bien.

Plus nous nous ouvrirons à l'Amour de Dieu, plus nous découvrirons notre être intérieur, plus nous en serons reconnaissants. Plus nous sentirons notre vulnérabilité profonde, plus nous aurons besoin d'être connectés, branchés sur son Amour. Plus nous Le choisirons, et plus Il sera Puissant en nous… Toute la Joie, la Paix et l'Amour de Dieu se déverseront alors dans notre cœur, pour nous et pour les autres !

Table

Composé par Nord Compo Multimédia
7, rue de Fives, 59650 Villeneuve-d'Ascq

Cet ouvrage
a été achevé d'imprimer sur Roto-Page
par l'Imprimerie Floch à Mayenne
en septembre 2011
N° d'impression : 80516 – N° d'édition : 14763
Dépôt légal : octobre 2011
(Imprimé en France)